ماجد الحمدان

قائمة المغالطات المنطقية

لاستقامة الفكر والتقاء الأفكار

ماجد الحمدان

ســيبَوَيِه

الأبعاد الرباعية للطباعة والنشر والتوزيع المحدودة
Quad Dimensions Printing & Publishing
المملكة العربية السعودية - جدة
الرقم الموحد: ‎+966 920004119‎
info@sibawayhbooks.com

لا يسمح بإعادة إصدار هذا الكتاب أو نقله في أي شكل أو وسيلة، سواء كانت إلكترونية أو يدوية أو ميكانيكية بما في ذلك جميع أنواع تصوير المستندات بالنسخ، أو التسجيل أو التخزين، أو أنظمة الاسترجاع، دون إذن خطي من الناشر بذلك.

No part of this publication may be reproduced, stored in retrieval system, or transmitted in any form, or by any means electronic, manual, mechanical, photocopying, recording, or otherwise without prior written permission of the publisher.

(ح) الأبعاد الرباعية للطباعة والنشر والتوزيع، 1437 هـ
فهرسة مكتبة الملك فهد الوطنية أثناء النشر
الغامدي، ماجد عبدالله صالح
قائمة المغالطات المنطقية لاستقامة الفكر والتقاء الأفكار ــ جدة، 1437 هـ

ردمك: 978-603-90645-5-8
1- المنطق
ديوي 160   562/1437

الإِهْدَاء ،،

إلى عشاق الأفكار ،،

ماجد الحمدان

تمهيد

المغالطـة المنطقيـة Logical Fallacies هـي خطأ في المنطق، أو خطأ في الاستنتاج، قائم على حجة خادعة، سواء كان ذلك متعمـدا لتشتيت الانتبـاه، أو كـان نابعـا مـن غيـاب التفكير المنطقي السليم.

وعادة ما تنشأ لدى الجميع أطر فكرية جاهزة، وافكارٌ منقولة أو مكتسبة مـن المحيط، هـي المرجع التلقائي لاتخاذ القرارات دون مراجعة لما يمكن أن يصيبها من مغالطات منطقية. بل ما هو أعم مـن ذلـك، وهـو تحول تلك المغالطات لمذاهب وأفكار جماعية لا يـدرك بطلانها سوى النخبة القليلة مـن أصحـاب التفكير المنطقي السليم، وعلى رأسهم النخب المثقفة، فإذا جاء إنسان عادي وقال إنني أرى هـذا باطلا، ثم جاء المثقف ليثبت لـه ببراهين المعرفة، رد الأول قائلا: هذا ما كنت أعنيه.

بشكل عـام فالحوارات تعتمد على قوة الإقنـاع، لذلك فقد يملـك بعـض النـاس قـدرات خطابيـة أو وجدانيـة رفيعـة في إقنـاع

الجمهور من خلال مشاعرهم وتهييج غرائزهم من خلال المغالطات المنطقية ودون أن يلحظه أحد من عموم الجمهور.

الهدف من التعرف على المغالطات المنطقية هو التأسيس للفكر العقلاني والذي يمثل الأرض التي يستند عليها التفكير العلمي، بكشف التزييف في ادعاءات الخصوم وإبطال حججهم الخادعة، وإثبات متاجرة البعض بالبلاغة الجوفاء، مما يهيئ للتفكير النقدي البناء المؤسس للتقدم في شتى المجالات، ولنوجز فوائد التعرف على المغالطات فيما يلي:

1. امتلاك قابلية أعلى على التفكير المنطقي.
2. التعرف على أخطاء المحاورين والقدرة على كشفها ومن ثم تفنيدها.
3. التمهيد من خلال التفكير المنطقي السليم للتفكير العلمي المنهجي.
4. قدرة التحكم في الحوارات وقلب الطاولة على الخصم.

مع الإشارة إلى فهم المغالطات المنطقية هو سلاح ذو حدين، إذ يمكن من خلال إدراك أسراره أن يكون سلاحا للتغلب على الخصوم، ولقلب الطاولة، وهو المبدأ المعروف في نظرية الألعاب. ولذلك فالهدف يمكن أن يكون نبيلا لتصحيح الأخطاء، أو وسيلة

للفوز في التنافس، ويحدث ذلك عندما نملك القوة على كشف مغالطات الآخرين دون أن نعترف بما نرتكبه من مغالطات.

سوف نتعرف على أشهر المغالطات المنطقية، مع الإشارة إلى إمكانية كشف الكثير من المغالطات أثناء الحوار، كما أن تسمية الفلاسفة للمغالطات المنطقية وخاصة بالأسماء الأدبية المثيرة، كان بهدف حث القراء على حفظها والمران عليها. ولكن علينا الإلمام بأننا قد نتعرض لخداع الذات. وذلك بتوهم أننا الأقرب إلى التفكير المنطقي، دون الانتباه إلى أننا قد نقع في الكثير من المغالطات، وغالبا ما يحدث ذلك تحت قوة الإرادة وما تفرضه من الحاجة لتحقيق المصالح.

وقد عرضت الكثير من المغالطات المنطقية السائدة، مع دمجها مع عدة نظريات في التفكير باعتبارها مدخل إلى ارتكاب المغالطات، كرهان باسكال ومتلازمة ستوكهولم وكذلك اعتبار موقف التحليل النفسي أحد المداخل لارتكاب المغالطات.

تاريخ المغالطات المنطقية:

البداية الأبرز لتطور المغالطات المنطقية كانت من محاورات سقراط الجدلية الشهيرة مع السفسطائيين، ولكن أنواع المغالطات تم رصدها على مدى عدة قرون، وأطلق عليها لاحقا بالمنطق الغير

صوري، وذلك لقيامها على رصد المغالطات المتعمدة في الحوارات. وقد برزت من جديد مع بداية مرحلة التنوير في الثقافة الغربية للقرن الثامن عشر من خلال النقاشات الفلسفية بين فلاسفة التنوير.

أما العمل الرائد في التعريف بالمغالطات المنطقية فقد كان تفنيد السفسطة لأرسطو On sophistical refutations والذي جمع فيه 13 مغالطة برزت في محاورات السفسطائيين.

من أهم الكتب التي كانت منبعا رافدا للتعرف على المغالطات المنطقية عند الإغريق، هو كتاب تلخيص السفسطة، للوليد ابن رشد. والذي قال في مقدمته (الغرض فى هذا الكتاب هو القول في التبكيتات السوفسطائية التي يظن بها أنها تبكيتات حقيقية، وإنما هي مضللات)[1]، أما التأثير الأول فقد كان لأعمال الفلاسفة الإغريق الأوائل، وعلى رأسهم أرسطو.

أنواع المغالطات:

تتوزع كافة المغالطات بين المغالطات الرسمية Formal fallacy وبين المغالطات الغير رسمية Informal fallacies وأحيانا يصعب التفريق بينهما، أما المغالطات الرسمية فهي المغالطة

---

[1] معنى بكت في الصحاح في اللغة، التَبْكيْتُ كالتقريع والتعنيف. وبَكَتَهُ بالحُجَّة، أي غلبه.

الـتي تخالف قوانين الحسـاب المنطقي، وهـذا النوع مـن المغالطـات يسـهل اكتشـافه ودحضـه دون النظر إلى المحتوى، لأنها تؤدي غالبـا إلى نتيجـة لا تفضـي بهـا المعطيـات، سـواء كانـت تلـك النتيجـة صـحيحة أم خاطئة، غير أن معطياتها لم تكن قد اعتمـدت على الحجة السليمة. ولنضرب مثالا بهذه القضية:

(1) بعض الرجال أطباء

(2) بعض الأطباء طوال القامة

(3) إذا.. بعض الرجال هم طوال القامة

تبدو القضية صحيحة لأن معطياتها تحدث على أرض الواقع، غير أن النتيجة لم تكن مرتبطة بالمعطيات أعلاه، وبالتالي فالحجة لم تكن سليمة للوصول إلى النتيجة السليمة. فبعض الرجال مـن طوال القامة ليس نتيجة مرتبطة بأن بعض الرجال أطبـاء، إذ يمكن تغيير الفقرة 2 لتكون بعض الأطباء مـن النساء لتصبح النتيجة في الفقرة 3 هي أن بعض الأطباء مـن الناس. وبالتـالي نشـاهد بأن النتيجة تغيرت بتغير المعطيات بعد الفقرة 1.

أما المغالطـات الرسمية فهي استخدام حجج لا تتعارض مـع قوانين المنطق السليم ولكنها حجج غير سليمة بمحتواها. وذلك كمغالطـة الاحتكـام إلى السـلطة، والـتي تنشـأ عنـد الاحتكـام

بصاحب راي أو خبرة أو منصب. فالاحتكام قد يكون صحيحا ولكن المحتوى قد لا يكون صحيحا. كالقول بأن العلماء أكدون أن التدخين يؤدي إلى سرطان الرئة، إذا فالتدخين يؤدي إل السرطان، فالحكم هنا لم يبرر منطقيا لحدوث السرطان ولكنه احتكم إلى السلطة، والتي قد تكون غامضة أو مشوهة أو غير مؤكدة.

فوجود المغالطة لا يعني بطلان المحتوى، فقد تكون مقبولة ولكنها غير منطقية، بمعنى احتمال صحتها مبدئيا، ولكن مع وجود ربط منطقي خاطئ. فمثلا قد تكون لدينا مغالطة التسول على السؤال وذلك بسؤال أحدهم عن أسباب سقوط البناية، فيجب بعدم تحملها، أو يقول بصياغة أخرى، كيف للبناية أن تتحمل طوال هذه السنين. ولكن هناك سبب محتمل آخر في هذه الحالة، وهو عدم بنائها حسب مواصفات ومقاييس الجودة المتبعة في البناء الهندسي. إذا فلدينا هنا مغالطة صحيحة في أحد عناصرها ولكن دون ترتيب منطقي سليم للبراهين.

ومن المغالطات الرسمية المذكورة في القائمة هي (التشبه الخاطئ) و (إنكار المستلزمات) و (المغالطة القصصية). أما المغالطات الغير رسمية فذكرنا منها (الاحتكام إلى الراجح) و (الاحتكام إلى السلطة) و (حجة هتلر) و (تحريك الهدف).

سوف نتعرف على قدر كبير من هذه المغالطات من خلال ضرب الأمثلة عليها، كما سنلاحظ مدى الترابط والتداخل الكبير بين بعض هذه المغالطات، واحتمال تكرار عدة مغالطات في مثال واحد.

فمثلا مغالطة التعميم الزائد، تشير إلى وجود أخطاء عند التعميم الزائد، ولذلك كانت هناك لاحقة للتعميم باعتباره زائدا، حيث أن التعميم بشكل عام يشير إلى إطلاق حكم على الكل من خلال القواعد المتبعة، سواء كانت تلك القواعد سليمة أو صحيحة. وعلى سبيل المثال، يستخدم العلماء في أبحاثهم وسائل منهجية علمية لتعميم النتائج، منها إحصاء العينة، وذلك مثلا بأخذ مجموعة من العينات المتباينة حسب خطة البحث، وذلك لاستحالة إحصاء كافة العينات، ثم إطلاق الحكم العام من خلال دراسة تلك العينات، وبالطبع عادة ما يتحقق لهذه المنهجية النجاح والقبول إذا ما توافرت شروطها المنهجية والعلمية، وذلك لاعتمادها على أسس منطقية ومنهجية متطورة من خلال المنطق السليم.

العلم والمنطق والمنهج:

كان المفهوم التقليدي للعِلم يشير إلى مترادفات المعرفة والإدراك، كقولنا العلم بالشيء، وقد ارتبط في الفقه الديني بالبحث في الأدلة الإجمالية وطرق استفادة الأحكام الشرعية منها. ورغم

اسهامات كبار المفكرين العرب الأوائل في تطوير مفهوم العلم، كربط ابن الهيثم للعلم بالمنهج التجريبي البرهاني، إلا أن المفهوم الحديث، لم يتطور بصورة لافتة إلا مع بدايات القرن السابع عشر لدى الفلاسفة الغرب، فأصبح المفهوم العصري السائد للعلم كما هو مدون في المعجم الوجيز ((هو كل نوع من العلوم و المعارف و التطبيقات. وهو مجموع مسائل وأصول كليّة تدور حول موضوع معين أو ظاهرة محددة وتعالج بمنهج معين وينتهي إلى النظريات والقوانين)) ويمكن تعريفه أيضا ((بالمناهج المتبعة للوصول إلى الحقائق الجديدة))، إذ أن المعرفة بالشيء أو البحث في الأدلة، لم تعد التعريف السائد للعلم، بل استخدام الطرق أو الأدوات التي تساعدنا في الوصول إلى نتائج جديدة وأصيلة.

يبدو للبعض بأن التفكير المنطقي السليم هو المدخل الوحيد للإثبات، غير أن التعقيد الهائل في طبيعة العقل البشري لم يصل إلى مرحلة وضع القوانين الحاسمة والنهائية للمنطق، فالتفكير البشري يعول حتى على المغالطات لتحقيق متطلباته، وليست الحقيقة دائما هي الهدف النهائي لكل البشرية.

أحد أشكال اقتحام المناهج العلمية المختلفة على حساب المنطق، هي الذرائعية الطبية، فمثلا تم استخدام وسائل العلاج بالوهم كأحد المناهج العلمية المعتمدة، مما أقحم ضرورة التعويل على

علــم الاجتمــاع الطـبي مـثلا، لــدوره في فهــم مسـببات المـرض الاجتماعية والطبية وطرق العلاج..

وبالتالي نرى أن العلاج بالوهم يخالف المنطق، ولكنه يؤدي إلى نتائج سليمة. ونرى بأن سبب مرض السرطان مثلا قد لا يقوم على إيجاد المسببات الطبية في داخل الجسم البشري، ولكن يمكن ربطه بالقابلية على الإصابة بالمرض وعلاقة المريض بالوسط العائلي ومدى استجابته لهذه القابلية.

فضلا عن ذلك فالعلوم المختلفة تعتمد على مناهج علمية مختلفة عن قوانين المنطق المعروفة، وأكبر مثال على ذلك هو النظرية النسبية، والتي تشير إلى طرق التعامل مع المغالطات في الطبيعة. ومع ذلك يظل اعتمادنا على قوانين المنطق السليم كما نسميها، وعلى فهـم طبيعـة المغالطـات المنطقيـة، هـو القاعـدة الأولى لبنـاء المنـاهج العلمية الناجعة.

وقد ارتبط العلم ربطا تاما بالمنهج العلمي، وهي مجموعة من الطرق المستخدمة بحسب الحاجة والموضوع، كالمنهج الوصفي أو المنهج المسحي أو منهج دراسة الحالة أو المنهج التجريبي أو المنهج التاريخي أو المنهج الفلسفي.

وهناك مفهومان ارتبطا بتأسيس المنهجي العلمي لأهميتهما في كافة المناهج المستخدمة، وهما الاستنباط والاستقراء، وتسميان أيضا بالمنهج الاستنباطي والمنهج الاستقرائي.

أما **الاستنباط** فهو الحكم من خلال الاعتماد على بديهيات أو استخراج المعنى من خلال مقدمات بديهية. ولكن يشترط أن تكون البديهيات صحيحة. وهي أول وأهم وسائل التفكير المنطقي، وهي القانون المنطقي الأساسي في الرياضيات، وذلك بالاعتماد على بديهيات صحيحة. كبديهية أن أقصر طريق بين نقطتين هو خط مستقيم، فمن خلالها نستطيع استنباط المسافة بين النقطتين.

وكما نرى فالاستنباط يعتمد على البديهيات بنفس مبدأ موس أوكام Occam's razor والذي يشير إلى أن أبسط الحلول للمشكلات المعقدة هي أقرب الحلول للصحة. أو الاعتبار بأن أبسط السبل لحل المشكلة هو الحل الصحيح. وهذا المبدأ يسمى بشفرة موس كام Occam's razor وهو منسوب إلى وليام الأوكامي. وهو فيلسوف ورجل ديني مسيحي، جاء بهذا المبدأ قبل ظهور مرحلة التنوير في الغرب.

والمبدأ صحيح على صعد كثيرة، غير أنه لا يمثل قاعدة عامة، وقد يرتكب من خلاله مغالطات، فالنظرية الكمية في الفيزياء تفسر وبشكل معقد كيف أن الحلول يمكن أن تكون معدومة. وهي مع

النظرية النسبية مثلت انقلابا على الفيزيا التقليدية عند إسحاق نيوتن، والذي وضع قوانين الفيزياء التقليدية والتي قامت في أغلبها على تفسير قوانين الحركة.

كما أن هذا المبدأ يصعب تعميمه في الإدارة، فقد يكون الحل الاسهل في مشكلة عدم اتقان الموظفين هي الفصل أو التغيير، ولكن الحل الأصعب هو الأفضل، وذلك بتطوير مهارات الموظفين، وهو ليس الحل الأسهل.

ومع ذلك فهذا المبدأ يؤدي بشكل عام للتركيز على الحلول البديهية السهلة، مع إمكانية اعتبارها كفرضيات أو اعتبارها قاعدة للحلول الصعبة.

***

أما **الاستقراء** فهو الاستدلال الاستنباطي ولكن بالانتقال من الجزئي إلى الكلي. ولو عدنا للاستنباط بأن أقصر طريق بين نقطتين هو خط مستقيم. فمن خلال الاستقراء نكتشف أن أقصر طريق بين نقطتين في الفضاء ليس الخط المستقيم. وبالتالي فلا بد من استقراء السؤال عن أقصر طريق بين نقطتين، من خلال وضع عدة معطيات أخرى، كالمكان، والذي جعل النتيجة مختلفة.

إذا فنحن وضعنا استنباط قائم على بديهة مسلم بها، ولكننا من خلال الاستقراء اكتشفنا بأن ما هو بديهي يمكن أن لا يكون صحيحا.

أحد أمثلة الاستقراء هو ملاحظة عشرة قطع معدنية تتمدد بالحرارة، إذا نضع فرضية قابلة للنفي بأن المعادن تتمدد بالحرارة، ثم نطلق توقعا لما يمكن حدوثه بعد تمددها بالحرارة كإعادة تشكيلها، ثم نقوم بإجراء الاختبار من خلال أخذ الكثير من العينات المتباينة للتحقق من صحة الفرضية. ثم نطلق الحكم النهائي.

وسبب إطلاق الحكم الاستقرائي والقائم على فرضية أن المعدن يتمدد بالحرارة، هو احتمال وجود معادن لا تتمدد بالحرارة، وكذلك العجز عن إحصاء كافة المعادن في العالم. ولذلك فهذا استقرار ناقص، وهو النوع الأول للاستقراء، أما الاستقراء التام فهو يتم عند القدرة على تتبع كل الأجزاء ثم إطلاق الحكم، ومع ذلك فقد واجه الاستقراء التام إشكالا لكون المقدمة مساوية للنتيجة.

أما أبجديات المنهج العلمي في كافة العلوم فتعتمد على أربع مراحل ومحورها بناء الفرضية، وهي على النحو التالي:

1. **الملاحظة**: كملاحظة تمدد المعدن بالحرارة عند تعرضه للنار لفترة معينة.

2. **الفرضية**: تكوين فرضية قابلة للنفي، كالقول بأن المعدن يتمدد بالحرارة، والفرضية هنا قابلة للنفي لأن هناك احتمالات أخرى لتمدد المعدن بخلاف تعرضها للحرارة.

3. **التنبؤ**: وهو توقع نتائج الفرضية، فإذا كان المعدن يتمدد بالحرارة، فمن الممكن إعادة تشكيله.

4. **الاختبار**: التحقق من الخطوات بإجراء كافة خطوات التجربة تحت ضوابط معينة.

التذكر والربط والهدف

أهم المشكلات التي تواجه قدراتنا على الفهم هي التذكر وربط المعلومات، بل إن ارتفاع معدل الذكاء يرتبط بزيادة قوة التذكر والربط.

محركات البحث على الإنترنت على سبيل المثال، توهمنا بالذكاء العالي، فنحن نستطيع الوصول إلى المعلومة عن طريق البحث ثم نبدأ باستخدامها، ولكن لا يمكن لنا أن نساوي بين من يستطيع الوصول لها عن طريق محركات البحث، ومن يصل إليها بسهولة من خلال ذاكرته ثم يقوم باستخدامها، ففي العملية الثانية تزداد قوة الربط من خلال قوة اعتقال المعلومة.

17

لذلك فالذاكرة هي مخزن الذكاء، دون أن يغلب أحدهما الآخر، فمثلا يمكن أن نجد سامي كثير الحفظ والتقليد وعلى حساب التفكير النقدي، وهو دائما ما يدعم آراءه من خلال ما يحفظه جيدا، أما عادل فدائما ما نجده يميل إلى التفكير النقدي أو المنطقي بقدرات أعلى على التحليل والاستنتاج، ولكنه يواجه مشكلات في التذكر ولذلك فهو غير قادر مثلا على تفنيد الكثير من آراء سامي لكونه لا يستطيع حفظ بعض الآراء التي تتعرض مع محفوظات سامي. وفي نفس الوقت، نجد بأن سامي غير قادر على مجابهة أغلب انتقادات عادل بشكل منطقي لأنه اعتاد على الحفظ.

العقل البشري لا يستطيع أن يصل إلى الكمال، فلو اعتبرنا آينشتاين أعظم رجل في الفيزياء في القرن العشرين، فهو لم يكن يملك المعرفة الكافية عن النفس البشرية كحال النفساني سيجموند فرويد.

لذلك فقوة التذكر والربط تزداد أيضا عندما يكون الاهتمام عموديا، أو بشكل أبسط، عندما يكون هناك هدف او غاية تمثل قاعدة للفهم.

قائمة المغالطات المنطقية

ماجد الحمدان

الانحياز التأكيدي

مغالطة الانحياز التأكيدي Confirmation bias تنشأ عندما يكون الحكم على شيء نتيجة الميل أو التفضيل أو البرمجة المسبقة على حساب المعطيات الأخرى، وبالتالي فهي تعتمد أيضا على الافتراضات المسبقة Presupposition وذلك من خلال قيام الفرد بتحليل المعلومات في الموقف من خلال انتقاء المعلومات التي تؤيد موقفه المسبق.

وهي مغالطة تندرج تحتها عدة مغالطات تسمى بقائمة مغالطات الانحياز، وهي من أهم المفاهيم التي تثبت لنا طبيعة المشكلات الفكرية للإنسان.

ويبرز الانحياز التأكيدي في تصديق الإشاعات، فهناك من يميل إلى التصديق السريع للإشاعات الجميلة لأنه يأمل بها، وهناك من يميل للإشاعات السيئة لأنها تشغل تفكيره. ومن أفضل الأمثلة، عند قرارك بشراء سيارة معينة، فسوف تنتبه لإعلاناتها في كل مكان، بينما قبل اتخاذ هذا القرار، فلم يكن عقلك ينتبه لها ولا حتى يقوم بتذكرها غالبا.

لذلك نجد بأن شركات الإعلان تعزز التكرار سواء كان الإعلان صحيحا أم كاذبا، وعادة ما تنجح الحملات الدعائية

الضخمة حتى مع الكذب، وذلك بسبب الإصرار على إقحام فكرة الإعلان في ذهن العميل المستهدف. وهذا الأسلوب يستخدم أيضا في الشركات، وذلك من خلال بث قيم أو أفكار معينة في الموظفين حتى تصبح عملية تكذيب هذه القيم أو الأفكار عملية صعبة.

أحد أقوى الأمثلة للانحياز التأكيدي، هو إحصائية قام بها موقع أمازون لبيع الكتب أثناء الحملة الانتخابية لمرشح الحزب الديمقراطي باراك أوباما، حيث أن كافة الكتاب الإيجابية عن أوباما اشتراها منتمين للحزب الديمقراطي، أما كافة الكتب التي تظهر أوبا بموقف سلبي فقد قام بشرائها الجمهوريين المعادين لترشيح أوباما. ولذلك نرى بوضوح هنا كيف أن الانحياز التأكيدي كان له دور سلبي حتى في البحث عن المعلومات.

مع ضرورة الانتباه إلى أننا نفكر بشكل عام بناء على الافتراضات المسبقة، ولكن إذا تحول الحكم على حساب المعطيات الأخرى، فيحدث الانحياز التأكيدي. وقد يكون هذا الانحياز مقبولا ولكنه قد لا يكون منطقيا.

فالعقل عادة ما يهتم بالأشياء التي تشغله مسبقا، فمثلا يرتدي خالد النظارة السوداء ويشعر بالحزن، لذلك يصبح بقابلية أعلى على ملاحظة كل بواعث الحزن والتشاؤم في من حوله وتأكيد وجودها. بينما يرتدي أحمد النظارة البيضاء، ويشعر بالسعادة،

لذلك فهو يستطيع ملاحظة كل بواعث السعادة والفرح من حوله وتأكيد وجودها، ولذلك نجد أنهما في خلاف بين اعتبار الحياة مكان يؤدي إلى الحزن أم السعادة.

لذلك فقد تكون كلا تصورات خالد وأحمد مزيج من المغالطات المنطقية للانحياز التأكيدي، فهناك أسباب مرتبطة بالتجربة في الزمان والمكان وحتى الحالة الصحية، لها أدوار في اعتبار الحياة مكان يؤدي إلى السعادة أم لا.

كارل بوبر هو أحد أهم الفلاسفة المؤسسين للمنهج العلمي الحديث من خلال فلسفة العلوم، وقد اشتهر بنظريته التي تشير إلى أن الفرضيات لا تثبت صحتها إلا إذا كانت قابلة للتكذيب، وقد نفى بأن تراكم الفرضيات يثبت صحتها، وقد ساهم بهذه النظرية في إحداث تغيير إيجابي كبير في المنهج العلمي، وذلك بكشف الانحياز التأكيدي حتى في العلم، واعتبار الحقيقة القابلة للتكذيب هي الأصدق.

ماجد الحمدان

الارتباط لا يعني السبب

مغالطة عامة تندرج فيها كافة المغالطات، تنشأ عند الربط الخاطئ بين الأسباب، وتسمى بلا سبب Non- Sequitur أي أن النتيجة لا تؤدي إلى السبب، أو أخذ ما ليس بعلة كعلة وتسمى أيضا بارتباط لا يعني السبب Confusing correlation for causation. وتسمى أيضا الاستنتاج بلا صلة Irrelevant Conclusion وتترجم أيضا بالاستنباط الخلفي، والأهم من ذلك أنها مغالطة عامة توضح طبيعة الربط الخاطئ ولذلك تسمى بالقضية الكاذبة False cause.

وهي باختصار س لا يؤدي إلى ص. وقد يكون الادعاء لعدة أسباب على رأسها الجهل والسذاجة وحتى المغالطة الزمنية وغيرها من أسباب خاطئة.

وكمثال: وذلك بربط التدخين مع حدوث الأمراض الناتجة عن التدخين، فهذه الأمراض يمكن أن تحدث لأسباب مختلفة بخلاف التدخين، ولكن التدخين قد يكون سببا لها أو سببا في ارتفاع احتمالات حدوثها.

وكمثال آخر: أن سبب برودة الماء هو برودة الجو، بينما قد يكون السبب هو وضعها في الثلاجة. أو كمثال أيضا: إذا زرعت

شجرة في طفولتك، فسوف يزداد طول الشجرة كلما زاد عمرك، وبالتالي فزيادة طول الشجرة مرتبط بزيادة عمرك.

وكمثال آخر: علل أحدهم بأن سبب سرقة الفقراء هو فقرهم، مع أن الكثير من الأغنياء يسرقون أيضا، بل إن بعض علماء الاجتماع اكتشفوا أن هناك سبب مفاجئ للسرقة وهو التقليد، وقد مثل دافعا قويا للسرقة حتى مع عدم الفقر.

وكمثال آخر: بأن عدد قطاع الطرق يقل في موسم ارتفاع درجات الحرارة، إذا فقطاع الطرق هم السبب في ارتفاع درجات الحرارة. وفي هذا المثال ينم الربط عن ارتفاع معدل الغباء، وكلما زادت حدت المغالطة، كلما كان ذلك انعكاسا لارتفاع حدة الغباء.

كما تسمى أيضا هذه المغالطة لأهميتها بمسمى مغالطة الارتباط، وذلك كربط صفات مجموعة بصفات مجموعة نظيرة، وذلك لوجود تشابه في بعض الصفات الغير مهمة. كالقول مثلا بأن النتائج قد أثبتت أن طلاب الفصلين أ و ب لهم مستويات ذكاء مرتفعة في التحصيل الدراسي، وذلك لأنهم من البيض أو لأنهم طوال القامة أو لأن لهم أعين سوداء أو لأنهم عرب. مع أن هذه الصفات المشتركة ليست مهمة لإثبات العوامل الفعلية لمستوى الذكاء المرتفع في التحصيل الدراسي لدى الفصلين.

25

وكمثال آخر على خلط الارتباط بالأسباب: (عند ارتفاع مبيعات المثلجات، يزداد معدل الغرقى، إذا فتناول المثلجات سبب للغرق). بينما ترتفع مبيعات المثلجات مع ارتفاع درجات الحرارة وتنخفض مع انخفاضها، وفي أوقات ارتفاع درجات الحرارة تكثر النشاطات المائية كالسباحة، ولذلك فزيادة هذه النشاطات هو المبرر المنطقي الأقرب لزيادة معدلات الغرق. بل هناك احتمال لوجود سبب آخر للغرق، فجاء ارتفاع درجات الحرارة بمحض الصدفة. كاحتمال أن يزداد معدل الغرق مع انخفاض درجات الحرارة، عندما تكون هناك مثلا مسابقات جماعية كبرى للسباحة تم إنشائها في موسم البرد. وكما نرى فلكي نحلل سببين، فقد نكون بحاجة للربط مع عدة أحداث وذلك لإثبات العلاقة السببية.

مغالطة الاقتران

مغالطة الاقتران Conjunction fallacy الشهيرة تشير إلى ربط حدوث ص بحدوث س، بشكل عام، ولذلك يمكن أن تعد إطارا عاما للمغالطات المتعلقة بتسلسل الاسباب، كالقول: لن تكون سعيدا إلا إذا كنت تؤمن بديني، مع أن الناس يمكن أن يكونوا سعداء في كافة المذاهب أو الأديان أو المعتقدات. أو ربط نجاح شخص بكونه مطيع للوالدين، رغم أن هناك أشخاص كثر عصاة لآبائهم ولم يمنعهم ذلك من تحقيق النجاح. وهذه المغالطة تنتشر أيضا في المجتمعات التي تنتشر فيها الأمية، وتغيب فيها سلطة التفكير العلمي.

وكما نرى فهي مغالطة تندرج تحت مغالطة الارتباط لا يعني السبب، ولكنها توضح كيف تتحول الفرضية الخاطئة إلى قاعدة عامة، كاعتبار دين ما هو السبب الرئيسي للسعادة فقط، ثم التوصل إلى النتيجة بناء على المعطى الخاطئ.

التشبيه الجزئي

مغالطة التشبيه الجزئي False analogy تتم من خلال تشبيه أو قياس بين شيئين بينهما تشابه سطحي ثم تعميم معايير التشبيه ليشمل أشياء تثبت القضية، فمثلا :

(1) س وص متشابهان

(2) ع يتشابه مع س

(3) إذا ص يتشابه مع ع

ومن أشهر الأمثلة هي قول أحد المدراء (لموظفين مثل المسامير، لذلك يجب أن تضرب الجميع على رأسه كي يعمل). والمغالطة هنا هي وجود شبه بين الجميع بكونهم موظفين، وتعميم بعض التشابهات بين عدد من الموظفين على بقية الموظفين. وهذه هذه المغالطة من أشهر المغالطات، وتسمى أيضا بالقياس الخاطئ.

ولننظر مثالا بقضية أخرى:

(1) س و ص تفاحتان، وكلاهما نميتان من نفس الشجرة، وفي نفس الوقت وفي نفس الزمان.

(2) س لونها أحمر

(3) إذا .. ص لونها على الأرجح أحمر

والتوقع هنا قد يكون صحيحا، ولكنه اعتمد على معطيات غير سليمة. ورغم أن تعميم التشابه الجزئي ضروري في الكثير من الحالات، إلا أننا نقع كثيرا في أخطائه. ولذلك يتم من خلال مناهج البحث العلمي بتعميم التشابهات الجزئية ولكن من خلال ضوابط منهجية.

ومن الأمثلة التي تشرح ضرورة التعميم بالتشابه الجزئي مع توضيح أبعاده الخاطئة، هي اعتبار الدولة جسد واحد. فرغم القبول المبدئي لهذا التشبيه الجزئي، إلا أن له جوانب خاطئة، فقد تكون وزراتي الاقتصاد والدفاع قويتان جدا، ولكن وزارتي التعليم والعمل على درجة عالية من الضعف. ومع ذلك فقد تصل الدولة إلى مرحلة من الصراع الداخلي تتداعى فيها كافة مؤسسات الدولة، وبالتالي يصبح التعميم بالجسد الواحد أكثر معقولية.

الشخْصَنة

مغالطة الشخْصَنة باللاتينية Ad Hominem وهي أسهل المغالطات والأكثر انتشارا، وذلك بنقل الحوار من تفنيد الحجة بالحجة إلى تفنيد الحجة بالهجوم على الخصم، كالقول بأن فلان يشرب المخدرات، لذلك فلن يكون صاحب حجة وهي هنا تتداخل مع مغالطة أخرى اسمها التوليد، ولكنها تندرج أيضا في إطار الشخصنة. وعادة ما ينجح صاحبها في إسقاط الحوار، إذا لم يتمكن الخصم من إعادة الحوار إلى سياق التفنيد المنطقي، ومع ذلك يقوم بعض الخصوم باستخدام نفس الطريقة، ويتغير مجرى الحوار، ويصبح خارج سياق الإقناع المنطقي، وقد يتم الانتقال لعدة مغالطات أخرى كالتماس المشاعر، ليقوم الحوار على محاولة الهدم والإقصاء للطرف الآخر، والتي تنتصر فيها سلاطة اللسان على مشاعر الجماهير.

والشخصنة مغالطة عامة تندرج تحتها عدة مغالطات، وينطبق عليها ما سماه ابن رشد في كتاب تلخيص السفسطة بأخذ ما ليس بسبب على أنه سبب. كالشخصنة الدائرية، ومثالها القول بأن المرشح الانتخابي لا يهتم بمشروعه الذي يدعيه، ولكنه يهتم فقط بأصوات الناخبين.

هنـاك دوافـع نفسية وعقليـة عديـدة للشخصـنة، ومـن أهمهـا شعور المشخصن بان الأفكار التي يطرحها الخصم، تهين قدرته على الفهم، وبالتالي ينبع الهجوم من الشعور بالنقص. أو قد يفهم هذا المشخصن بأن الحجة صحيحة ولكنه يهاجم الخصم لأنها قد تكون ضد مصلحته.

التصنيف

الحكم على الخصم من خلال تصنيفه، كالقول بأن فلان مسلم، لذلك فرأيه غير مقبول. وهي تشبه مغالطة الشخصنة، ولكنها لا تتعمد الهجوم أو الإقصاء، إنما تتبنى إطلاق الحكم المسبق والغير مرتبط بالنتائج. وهي من أشهر المغالطات السائدة، وتشبه مغالطة مصادرة المطلوب.

المحلل النفسي

القيام بدور المحلل النفسي Psychoanalyst لمحاولة تفنيد الحجة، وهي مغالطة سائدة، وتندرج تحت مغالطة تسميم البئر أو التماس الدافع، وذلك بالتركيز على نوايا الخصم، ولكنها هنا تتوسع بالاعتقاد أن الحالة النفسية هي السبب في ادعاء الخصم. فمثلا يطالب كمال بتطبيق الديمقراطية في المجتمع العربي، فيجيب نادر بأنك منبهر بالغرب، ولديك عقدة نقص تجاه حضارتك. وكما نرى فالمغالطة تدخل أيضا في إطار الشخصنة ولكن من خلال التحليل النفسي الذي يستخدم على نطاق واسع كوسيلة لمحاولات الإقصاء.

مغالطة الكراهية

وهـي التغلـيط تحـت دافـع الكراهيـة أو الحقـد أو الضـغينة، كـالقول أن هـؤلاء المسـلمين إرهـابيين، إذا لا يمكـن للمسـلمين أن يكونـوا دعـاة سـلام، وتنـدرج تحـت هـذه المغالطة عـدة مغالطـات أخرى كالشخصنة او التعميم الزائد. ونرى بأن مغالطات الكراهية هـي الأكثر انتشارا وخاصة في ظل الصراعات. وتنشـتر بين الأفـراد، كقـول مهـا لسـعاد، أنت لم تحضـري لعزيمتي، لـذلك فلـن أحضـر لعزيمتك. فالمغالطة هنا قامت على عـدم استناد مها لدليل عـدم حضور سعاد للعزيمة.

ضرب المبتدئ

تسمى باللاتينية Argumentum ad cellarium وهي تجاهل الإثباتات بافتراض أن الخصم لازال مبتدئا، وتسمى المغالة أيضا بحبيب أمه، إشارة للفرد الذي لا يزال في حضنه أمه ولم يرى العالم الخارجي وهي قريبة من مغالطة الشخْصَنة. كالقول أنت لازلـت جديـدا في مقـر العمـل ولا تعلـم أي شـيء، رغـم أن آراء العامل قد تكون صحيحة.

سرير بروكرست

تنشأ عند محاولة فرض قوالبنا المسبقة على حساب الحقيقة أو الموقف أو المعنى. كتعامل الطبيب مع الحالة المرضية وفقا لتشخيصه المسبق، دون التحقق من التشخيص الخاص بالحالة. وكوضع تعميم مسبق عن مجتمع ما، ثم التعامل معه وفقا للافتراضات المسبقة دون التعامل مع المعطيات والتغيرات.

ولذلك تتداخل هذه المغالطة مع عدة مغالطات أخرى، غير أنها برزت تحت مصطلح البروكرستية، للتعبير عن هذه الحالة في كافة المجالات العلمية والحياتية والاقتصادية والطبية وغيرها.

تسمى سرير بروكرست Procrustean bed أو البروكرستية Procrusteanism، نسبة إلى القاتل الإغريقي المتسلسل بروكرست في الأساطير اليونانية، والذي كان يملك سريرا يلائم أطوال كافة الناس، ولاختبار طول السرير، كان يقوم بجلب ضحاياه وربطهم من أطرافهم ثم يبدأ في قطع الأطراف من الرقبة والأقدام والأيادي كي يتلاءم طولهم فعليا مع السرير.

ترتبط هذه المغالطة بالفشل، لمن يملك معرفة أو خبرة جاهزة يحاول تطبيقها في ظروف غير مناسبة. وتتكرر في المواقف العامة عندما نفرض على الآخرين أن يكونوا مثلما نراهم.

التفكير الرغبوي

مغالطة تقوم على تكوين الرأي وفقا لرغبات الفرد، دون الاستناد على الحجج العقلانية، ويسمى بالتفكير الرغبوي او الرغائبي أو التفكير بالتمني Wishful thinking. ومع ذلك فهذه المغالطة تحتمل الوجهين السلبي والإيجابي. فعلى الصعيد الإيجابي فقد تكون كافة المعطيات تشير إلى عدم النجاح، ولكن الشعور بالسعادة والأمل قد يوصل إليها، أو قد يكون هو ذاته النجاح. غير أن الوجه السلبي غالبا ما يستخدم لإقناع الآخر بفكرة قائمة على التمني لا الواقع، مما قد يترتب عليه نتائج سلبية. كقول أحدهم بأن أبنائه متعلمون وأذكياء وتربيتهم سليمة، مما قد يكون بخلاف الواقع الفعلي وبالتالي قد يتسبب هذا التفكير الرغبوي في أن يكون حجر عثرة في طريق إصلاحهم.

حجة الإصرار

وتسمى الحجة بالتأكيد Argument by assertion وتقوم على الاعتقاد بأن الإصرار والتأكيد على حدوث شيء ما، سيؤدي إلى اعتباره حقيقة مسلمة. كتكرار مها بأنها فتاة جميلة، ثم اعتقادها بذلك كحقيقة مسلمة رغم أنها ليست كذلك. ويختلف هذا التفكير عن التفكير الرغبوي باعتماده على الإصرار والتكرار حتى بعد معرفة الحقيقة.

التوسل بالقوة

مغالطـة التوسـل بالقـوة Argumentum ad baculum هي محاولة إثبات الحجة من خلال ربطها بالتهديد من حدث أو برهان غير مرتبط، فمثلا اقبل بالسياسة الجديدة للشركة وإلا فسيتم فصلك من العمل، أو اقبل بها كي تنجح في عملك، ففي الأولى تم التهديد بالتوسل لقوة الفصل، وفي الثانية تم التهديد بالتوسل للتحوط، وذلك بدلا من توضيح المبررات المنطقية لسن السياسة الجديدة، وهل إذا ما كانت مثلا ستؤدي للنجاح.

وهي هنا تشبه مغالطة الاحتكام إلى الخوف، غير أن التوسل بالقوة أعم، كقول أحدهم، أنا قادر على النجاح في الجامعة لأنني غني، أو يجب أن تسمع كلامي لأنني أملك النفوذ.

توكيد اللازم

مغالطة توكيد اللازم أو إثبات التالي Affirming the consequent تقوم على الاعتقاد بأن النتيجة تثبت السبب، فمثلا إذا كنت مصابا بالإنفلونزا فحرارتك مرتفعة، وأنت الآن حرارتك مرتفعة، إذا فأنت مصاب بالإنفلونزا. والخطأ يكمن هنا في القياس، لأن الإنفلونزا ليس السبب الوحيد لارتفاع الحرارة أي أن النتيجة لا تثبت السبب، فقد يكون هناك أسباب أخرى لارتفاع الحرارة بخلاف الإنفلونزا، وقد لا تكون الإنفلونزا أيضا سببا للحرارة.

ومن الأمثلة على ذلك هو القول بأن المطر عندما يسقط، فإن الشارع يمتلئ بالمياه، ولذلك فعندما يكون الشارع ممتلئا بالمياه فهذا يعني ان المطر قد سقط. والخطأ هنا هو احتمال أن يمتلئ الشارع بالمياه من مصادر تختلف عن سقوط المطر.

إنكار المستلزمات

وتسمى بإنكار السابق Denying the antecedent، وهي مغالطة رسمية لعدم صلاحيتها، وذلك بإنكار معطيات الحل أو بعضها. وتأخذه هذه المغالطة شكلين، الأول هو العرَض المباشر Accident كقول المدير لأحد موظفيه، لا يهمني سبب تأخرك عن العمل، إذ يجب أن تكون متواجدا في الموعد المحدد، وهنا تم إنكار مستلزمات التأخير. أو نصيحة أحد الأبناء بعدم الكذب، مما قد يدفعه لأن يكون مع صادقا عندما يسأله أحد زملاء المدرسة عما قاله أحد الزملاء الآخرين من كلام سيء، فالكذب هنا مفيد لعدم إحداث العداوة، ولذلك نجد بأن نصيحة الأب أدت بالابن إلى إنكار مستلزمات الموقف.

أما الشكل الثاني لإنكار المستلزمات فيأتي تحت مسمى العرَض المعكوس Converse accident كالقول بأن السماح لأحد الموظفين بالتأخر عن العمل بسبب حادثة في الطريق، فيجب أن يتم السماح لكافة الموظفين بمهلة التأخر، وهنا تم إنكار مستلزمات الحادث. أو القول بأن لدينا أمثلة لمدخنين معمرين، لذلك فالتدخين لا يضر بالصحة. وهنا تم إنكار مستلزمات تثبت ضرر التدخين على الصحة.

ماجد الحمدان

التسول على السؤال

وتسـمى أيضـا بإثبـات المستلزمات ولكن مـن خلال التسـول
على السؤال Begging the question وهي تعد إحدى
مغالطات الحجـة الدائرية، وتنـدرج مع مغالطة مصـادرة المطلوب،
وذلك بافتراض صحة النتائج كجزء من المعطيات، ولكن من خلال
تسول السؤال، كقول س بأن سبب سقوط البناية هو عدم تحملها.
حيث أن الجـواب ليس أكثر مـن أحـدى معطيـات سبب سقوط
البناية.

التعميم الزائد

من أشهر المغالطات وتسمى بافراط التعميم Overgeneralize أو المغالطة بالعرض، وتسمى أيضا بالتعميم المتحيز Hasty Generalization وذلك باستنتاج قاعدة عامة من حالة شاذة أو بتعريف آخر إطلاق الحكم على مجموعة كبيرة من خلال اختيار عينة متحيزة.

كالقول أن المجتمع العربي إرهابي لوجود ظاهرة الإرهاب داخل المجتمع العربي. وتسمى بالتعميم الزائد نظرا لأن التعميم له درجات، إذ يمكن القول أن كافة أفراد الفريق العلمي كانوا السبب في إنجاز المشروع، رغم أن أحدهم قد يكون صاحب الفضل الأكبر.

وهناك مغالطة تسمى بالاشتراك، وهي تشبه التعميم الزائد ولكنها من خلال إشراك فئة معينة في الكل، فمثلا كان إرئيل شارون يهوديا، وارتكب مجازرا بحق الفلسطينيين، إذا فاليهودية تدعو للإجرام.

وهناك مغالطة أيضا تسمى بتسليط الضوء Spotlight fallacy وهي رديفة للتعميم الزائد، وذلك بافتراض جزئية عن المجموعة بسبب ملاحظة جماعة صغيرة م المجموعة، وقد تم هنا تسليط الضوء على ما يريده صاحبها ثم تعميه على الكل.

تمارس مغالطة التعميم الزائد من خلال التحيز أيضا، كاستطلاع رأي حدث في مجلة أمريكية للتنبؤ بالمرشح الفائز في الرئاسة الأمريكية، وكانت الأغلبية تؤيد روزفلت، وقد تم اختيار عينات الاستطلاع بشكل عشوائي من دليل الهاتف وملاك السيارات ومشتركي المجلة وغيرهم، ولكن الاستطلاع تبين لاحقا بتحيزه، لأن كافة العينات التي تم استهدافها كانت من أصحاب الدخل المرتفع وممن يملكون مصالح حزبية مع الحزب الذي ينتمي له روزفلت مع عدم مراعاة أصحاب الدخل المتدني.

انتقاء الكرز

تشبه مغالطات التعميم الزائد وذلك باستنتاج قاعدة عامة من حالة شاذة، ولكن يتم ذلك من خلال انتقاء الأدلة على الموضوع محل النقاش، وبالتالي يمارس التعميم الزائد. وهي من أكثر المغالطات السائدة.

فمثلا يدافع أحدهم عن عقلانية الحركة النازية باختيار بعض مـن الآراء العقلانيـة للعلمـاء والفلاسـفة في الحركـة النازيـة بشـرط التجاهل المتعمد للأدلة التي تدين هذه الحركة.

45

المفهوم المسروق

مغالطة المفهوم المسروق Stolen Concept Fallacy
تنشأ عند سرقة المعنى وحكره على المدعي، كادعاء أحدهم وتأكيده
على عـدم وجـود حقيقـة مطلقـة، مـع التجاهـل بأن ادعـاءه جـاء
كحقيقة مطلقة. وقد يحدث العكس من هذا، فعند إصرار أحدهم
بأن الغول غير موجود، فهي مغالطة المفهوم المسروق، وذلك لعدم
إمكانية إثبات عـدم وجـود الغول، فهناك احتمال لوجـوده لم يثبت
بعد. ولكن يتم التعامـل هنا مـع حقيقة عـدم وجـود الغول بالنفي
حتى ظهور الإثبات، ولكن لا يمكننا الإثبات في هذه الحالة على
النفي.

تمارس هذه المغالطة أيضا عند مطالبة أحدهم للخصم بالالتزام
بمبدأ ثم يقوم بمخالفته، أو عند اقتراح فكرة ثم الاعتراض عليها.

تحويل عِبْء الإثبات

تسمى أيضا بالمنطق المعكوس، أو طلب إثبات العكس Shifting the burden of proof وهي تنشأ عند المطالبة بإثبات العكس بدلا من تقديم الادعاء، وهي تتعارض مع مبدا الحجة على من أدعى، ويقع فيها الكثير.

فمثلا ادعى أحدهم أن الغول موجود، فرد الثاني أثبت لي وجوده، فرد الأول أثبت لي عدم وجوده! وهو في الرد الأخير أقام حجة بناء على عدم وجود دليل.

ويمكن تقديم مثال جمعي ساد في العصور القديمة، وهي أن المتهم مذنب حتى تثبت إدانته، فقد كان من خلال هذا المبدأ أو بمغالطة إثبات العكس، يتم التنكيل بالناس، ولكن مع التنوير انتشر مبدأ أن المتهم بريء حتى تثبت إدانته.

47

استنتاج التناقض

مغالطة عامـة، يمكـن ترجمتهـا مـن اللاتينيـة بأنها الاستنتاج العبثي أو السـخيف Reductio ad absurdum وتنشأ عنـد تتبـع سلسـلة الأفكـار وصولاً لنتـائج متناقضـة. كـالقول بأن (جميع من يعيش حياة يسوع، فسوف يصبح العالم مكانا جميلا) والمغالطـة هنا هـي استخدام فرضية صـحيحة أو مسـلم بها وهي حياة يسوع، ولكن للوصول إلى استنتاج بأن الحياة لن تصبح جميلة إلا إذا كانت كحياة يسوع. وبهذه الطريقة نجد أن القائل يتجاهل حيـاة نحو 7 مليـار نسـمة في العـالم في شـتى المـذاهب والمعتقدات وطرق الحياة، يعيشون حيوات مختلفة بـين السعادة والشقاء ومنهم يسوع الذي مات في نهاية المطاف، لذلك فالفرضية المقترحة زائفة.

ومغالطـة استنتاج التنـاقض تشـير إلى عـدم وجـود فرضيـات صـحيحة تـؤدي إلى استنتاجات خاطئة، فيسوع عـاش فعلا، وقد تكون حياته مثالية، ولكن ذلك يتناقض مع الربط بينها وبين حياة بقية البشر.

كالقول:

(1) أنا إنسان ، استطيع الجري

(2) أنا إنسان

48

(3) إذا، أنا استطيع الجري

والمغالطة هنا هي ربط القدرة على الجري بفرضية صحيحة، وهي أن 1 إنسان يستطيع الجري، أما 2 فهو إنسان، ولكن لا يرتبط ذلك بضرورة قدرته على الجري كحال 1.

تتعارض هذه المغالطة مع مبدأ عدم التناقض The principle of non-contradiction والذي نصبه بعض الفلاسفة كقاعدة عامة للفلسفة وتفسير العالم، وهو يشير إلى أن التناقض مستحيل، فلا يمكن للنفي أن يتفق مع الإثبات. وهذا المبدأ تعرض بدوره للكثير من النقد.

متلازمة ستوكهولم

تنشأ عند التعاطف مع العدو أو مرتكب الإساءة بحق الشخص، وذلك بإطلاق أحكام غير منطقية، كالتعاطف الذي يحدث من قبل المخْتطَفين تجاه الخاطفين، فبدلا من اتخاذ موقف ناقد تجاه الخاطف، يتحول الموقف إلى تعاطف واختيار الميل تجاه تبرير دوافع الإساءة.

ولذلك فهي إطار عام للمغالطات المنطقية، تنشأ في كل موقف يتعرض فيه الشخص إلى الإساءة من الخصم، فيتحول في صف المسيء أو العدو. وهي حالة وقع فيها حتى بعض الفلاسفة بتعاطفهم مع الغزاة.

فمثلا قام أحمد بتوجيه نقد عنيف وقاس لخالد، فكان ذلك سبب في ارتكاب خالد لمغالطة متلازمة ستوكهولم وذلك بتأييد أحمد رغم عدم اقتناعه. بل أكثر من ذلك وهو الحالة المعروفة في الدول الاستبدادية، وظهور التعاطف لدى فئات كبيرة من الشعب تجاه الطغاة.

تمت صياغة حالة متلازمة ستوكهولم Stockholm syndrome من حادثة السطو على بنك كريديتبانكين في ستوكهولم بالسويد، وذلك في العام 1973م، واختطاف الرهائن

لمدة ستة أيام، ولكن بعد انتهاء الحادثة وتحرير الرهائن، أظهر المخْتَطَفين حالة تعاطف ودفاع عن الخاطفين.

مغالطة الاشتقاق

تنشأ عند إعادة معنى إلى أصله التاريخي باعتباره الأصل للمعنى، وتسمى بالتأثيل Etymological وتبرز في اللسانيات وعلوم اللغة، باعتبارها تبسيطا مفرطا للتعريف بنشأة اللغة. كالتعامل مع لفظ الحضارة باعتبارها الإقامة في الحضر كما ورد في لسان العرب، حيث أن دلالة المصطلح تغيرت مع التقادم، فارتبطت بالتقدم. وكتعريف الليبرالية باعتبارها حركة تحرر من الكنيسة بدأت في القرن الثامن عشر، فقد كان هناك أيضا جذور اغريقية لليبرالية وكان هناك تغير كبير في الأفكار الليبرالية أدى بها إلى دلالات مختلفة تشير إلى مبادئ عامة منها الحرية والعدالة والتسامح ورفض الاستبداد.

أهمية هذه المغالطة هي لا تشمل العلماء والباحثين وحدهم، بل تشمل الطريقة العامة في التفكير، والتي تعيد أصول الأشياء إلى تاريخها في تبسيط مفرط، كما تنشأ عند التعامل مع المصطلحات وفقا لأصولها اللغوية، مع تجاهل الأبعاد الدلالية والمجازية.

الرنجة الحمراء

تشير الرنجة الحمراء Red herring إلى استخدام مجموعة من المغالطات لتشتيت الحوار أو الخروج عن الموضوع، وذلك من خلال عرض أدلة جاذبة تساهم في تشتيت انتباه الخصم عن الموضوع الأصلي. ومحور هذه المغالطة هو جاذبية الأدلة، فاستخدام أدلة غير منطقية له تأثير أقل من الأدلة الجاذبة. وكمثال، لا يمكن حظر التدخين في الأماكن العامة، فطعم السيجارة وما تحققه من راحة نفسية وعصبية لهو أفضل من أن يذهب المدخن إلى الأماكن العامة وهو مخمور.

وهي تشبه مغالطة رجل القش في محاولة إضعاف الأدلة ولكن من خلال التعويل على الأدلة الجاذبة. وقد سميت هذه المغالطة بالرنجة الحمراء لاستخدام الفارين من السجن سمكة حمراء مملحة وذات رائحة نفاذة تسمى بالرنجة، وذلك بجرها في طريق هروبهم بهدف إخفاء رائحتهم عن أنوف كلاب الحراسة.

الاتجاه الخاطئ

الاتجاه بالسبب إلى اتجاه آخر أو بمعنى قياس الفكرة بفكرة غير مرتبطة، وهي تشبه مغالطة بلا سبب، كالقول بأن القمع الذي مارسته السلطة كان بسبب تمرد الضحايا وعصيانهم، وبذلك فهم من جلب لأنفسهم القمع. وقد تبدو هذه الحجة مقبولة أحيانا ولكنها غير مقنعة منطقيا، بمعنى أن التمرد قد يكون المسوغ لاتخاذ السلطة قرار القمع، ولكن الربط غير صحيح منطقيا، فهناك خيارات أخرى للسلطة في إيقاف التمرد دون الحاجة للقمع، وبالتالي فهناك مبرر منطقي آخر لاستخدام القمع، كاحتمال أن يكون بسبب وحشية السلطة ورغبتها بالانتقام. ولذلك نرى هنا اتجاها خاطئا في اختيار الأسباب.

عدو عدوي

عدو عدوي My enemy's enemy تنشا من خلال تأييد رأي بحجة وجود عدو مشترك، فمثلا عمار وخالد لديهما عدو مشترك، فيحاول عمار الإثبات لخالد بأن العدو لا يمكن أن يكون له أن يقبل بالتصالح مع خالد لأنه عدو مشترك، مع أن هذا العدو يمكن أن يقبل بالمصالحة مع خالد دونا عن عمار.

حجة لكل غرض

تسمى أيضا بالتخصيص Ad hoc وترجمتها الحرفية هي مخصص لغرض محدد، وتنشأ المغالطة بوضع حجة لكل غرض، للظاهرة محل السؤال، وتندرج تحت هـذه المغالطة الكثير مـن المغالطات الأخرى، كتحليل ظاهرة تدخين الطلاب في الجامعة، بالقول أن سبب تدخين الطالب أحمد هـو امتلاكه للمـال الكـاف لشراء السجائر، وسبب التدخين في المقر الجامعي هو عدم وجود ضوابط لمنع التدخين. وهكذا لدينا مغالطتين تندرج في حجة لكل غرض، الأولى هي مغالطة بلا سبب لأن أحمد يمكن أن يبحث عن المال لشراء السجائر، أما الثانية فهي مغالطة التوسل بالقوة لأن الطلاب يمكن لهم التمرد على القوانين. وذلك بدلا من إيجاد وسائل علميـة منهجيـة لدراسـة هـذه الظاهرة، كأخـذ عـدد مـن الحـالات المتباينة من الطلاب ثم تحليلها ومقارنتها مثلا بوضع الطلاب داخل وخارج الجماعة.

السؤال الملغوم

تنشأ مغالطة السؤال الملغوم Loaded question من خلال وضع افتراض ضمني كجزء من الحجة، وتترادف مع ما يسمى بمغالطة الافتراضات المسبقة Presupposition وذلك بوضع فرضية على شكل سؤال يتضمن افتراض لم يثبت. وتسمى أيضا بمغالطة تحميل السؤال بالإجابة. وذلك بتقديم سؤال يتضمن إجابة مسبقة بهدف فرض الإقرار على الجواب، سواء كانت الإجابة صحيحة أم خاطئة، وعادة ما تمارس هذه المغالطة بدوافع الإرهاب الفكري أو الإجبار على الاعتراف أو التأييد.

فمثلا (كم مرة سرقت الخزنة؟) فأي كان العدد، فهو اعتراف ضمني بالسرقة، أو (هل توقفت عن التدخين؟) وهو سؤال ينتهي بـلا أو نعم، وأياكان الجواب بـلا أو نعم فهو اعتراف ضمني بالتدخين عند الإجابة بلا أو نعم. ولذلك يمكن أن يكون الجواب، أنا لم أسرق الخزنة نهائيا، أو أنا لم أدخن في حياتي نهائيا.

وكما نرى فسؤال (كم مرة سرقت الخزنة) قد وضعك في محل الاتهام، دون دليل على الدعوى. ولكي يكون السؤال منطقيا، يصبح: لقد تم رفع البصمات على الخزنة، وتمت مطابقتها مع بصماتك، فهما هو مبررك لفتح الخزنة؟!

والسؤال هنا، لم يعد قائما على فرضية لم تثبت، بل على دليل مثبت والتسليم بفتح المتهم للخزنة، ومن ثم توجيه السؤال المنطقي المرتبط بالدليل.

كما أن السؤال الملغوم قد يطرح على شكل إجابة بمسمى الألفاظ المغلومة Loaded word كالقول: (العقلاء لا يفعلون ذلك) فكلمة العقلاء هنا لغمت باتهام نقص العقل أو الجنون.

السؤال بسؤال

وتندرج هـذه المغالطـة في معظم المغالطـات المنطقية الأخرى، وذلك مـن خـلال الإجابـة على السـؤال بسـؤال، كـالقول لمـاذا لا تذهب إلى المدينة، فتكون الإجابة، ولماذا لا تذهب أنت؟!

والإجابة على السـؤال بسؤال، تعد أحد العيوب السـائدة في أدب النقاش، حيث أنها تشبه أساليب التحقيق مع المتهمين، غير أنها يمكـن أن تستخدم في بعـض الحـالات بشـكل إيجـابي بهـدف الإثارة الفكرية، فمثلا يمكن أن يجب الأول على الثاني، بسبب عدم الذهاب إلى المدينة، بأنه لا يملك القدرة على إيجاد وسيلة نقل، ثم يعيد السـؤال بصيغة، حسنا ولماذا لم تـذهب أنت؟! وقد يستمر السؤال بسؤال في هذا الحوار حتى الوصول إلى نقطة الإجابة على السؤال الأول.

المغالطة القصصية

تقديم إثبات بقصة أو قول مجازي، والمغالطة القصصية أو القولية Anecdotal fallacy تندرج تحتها عدة مغالطات أخرى، وعلى رأسها مغالطة تجاهل المطلوب أو مغالطة السؤال بسؤال ولكن باستخدام القصة أو المجاز. أما المغالطة القصصية فتنتشر لدى الأدباء والرواة والشعراء. وتكثر هذه المغالطة في تأثير الشائعات، فالكثير يضع توقعاته بناء على شائعات متداولة، أو قصص منقولة.

فمثلا يقول س لص أين تذهب الروح عند خروجها من الجسد؟ فيجب ص قائلا: كما يذهب النور عند انطفاء الشمعة! أو يعيدها بمغالطة السؤال بسؤال ليجيب قائلا: وأين يذهب النور عند انطفاء الشمعة؟!

وتعد إحدى المغالطات الرسمية لكونها غير مقبولة كحكم منطقي، فمثلا أين أنت؟ أنا في كل مكان! فهنا تم تجاهل المطلوب مع أسلوب إنشائي مجازي.

ومثال آخر للمغالطة فدليل وجود الاشباح هو القصص المسموعة من عدة أشخاص لا يتفقون على الكذب. ولنلاحظ أن طريقة الإثبات غير منهجية أو علمية، فمثلا لم يتم الاعتماد على

مجموعة علماء لديهم منهج بحثي معين لإثبات هذه الحقيقة. وكما نلاحظ فالإثبات القصصي يتداخل مع مغالطة الاحتكام إلى السلطة، كالقول أن وجود الأشباح دليل على القصة التي حكاها أحد العلماء.

الاحتكام إلى الراجح

وتسمى الاحتكام إلى الأمر المحتمل Appeal to probability وهي تنشأ عند إطلاق حكم قائم على احتمال، فمثلا:

(1) هناك شيء ما قد يحدث؟ (فرضية)

(2) إذا، هناك شيء ما يحدث! (استنتاج غير صالح)

تسمى هذه المغالطة بالمقامر Gambler`s fallacy وذلك للإشارة إلى لعبة الاحتمالات التي نعتمد عليها في إطلاق الأحكام. كحالة شراء عشرة بطاقات يانصيب لتوهم زيادة احتمال الفوز، حيث أن عدد البطاقات المباعة يصل إلى عشرين مليون. ولذلك تمارس هذه المغالطة على نطاق واسع في تقيم الاحتمالات في مجال الألعاب.

الاحتكام إلى التجربة

اعتبار التجربة كمبرر للحكم، كقول أسماء لهند، أنا سافرت إلى إيطاليا وهي بلاد غير جميلة ولا أنصحك بالسفر إليها. والمغالطة هنا هي تعميم التجربة الشخصية على زيارة إيطاليا. حيث أن الجواب الأقرب إلى المنطق بالنسبة لأسماء، هو أنني لم أكن سعيدة، ولكن قد يناسبك السفر إليها.

تجاهل المطلوب

تجاهـل الموضوع محـل الإثبـات، بإثبـات آخر، وهـي عمليـة تشـتيت ومغالطـة منطقيـة تمـارس على نطـاق واسـع بهـدف قلـب الطاولة بشكل وهمي على الخصم. كما أنها تستخدم بعدة طرق، سـواء بمغالطـة السـؤال بسـؤال أو مـن خـلال اسـتخدام الأسـلوب القصصي، فمثلا يوجه س سؤالا لص قائلا: هل تعتقد بأن إجبار الفرد على الصلاة، سيكون سببا لأن تكون صلاته مقبولة؟ فيجيب ص قائلا: ولكن لماذا لا يصلي؟! وقد يقع س في مطب الإجابة، بدلا من طلب البقاء في السؤال الاساسي.

وفي مثال آخر، يسال س ما هو سبب الحرب العالمية الثانية، فيجب ص بسبب المجاعة! مع تجاهل كافة المعطيات التي سببت الحرب.

مصادرة المطلوب

إصدار الحكم قبل الفعل، أو الحكم قبل النتيجة ثم تقديم النتيجة، وتبرز هذه المغالطات في الاتهامات، كسجن أحدهم دون أن يكون هناك مبرر برهاني لإيقافه المؤقت ثم البحث عن مبررات لسجنه، أما في الحوارات فكقول أحدهم بعد أن قرأ عن رياضة اليوجا، بأنها تحقق صفاء النفس، وذلك قبل أن يجربها ويتحقق من صحة الادعاء. أو قول أحدهم، بأن هذا الدين يدعو إلى الكراهية، قبل التحقق من كافة تفاصيله، ثم يبدأ بالبحث عما يعزز ادعاءه من خلال قراءة تفاصيله. والمشكلة هنا هي أن الحكم أطلق قبل التحقق، فقد يكون الحكم الأولي صحيحا وقد يكون خاطئا، غير أن صاحب المغالطة، يعتمد على تحصيل الحاصل، ولذلك فقد يقع في مغالطات أخرى إذا صادر المطلوب، وذلك لتبرير حكمه.

المغالطة البيئية

وهي تندرج في إطار التعميم الزائد، كالقول بأن فلان ذهب إلى أمريكا، ووجد الناس لا يشعرون بالسعادة، إذا فالنظام الأمريكي فاشل. ومحل المغالطة هنا هو افتراض أن يكون الحكم صحيحا، ولكنه في جزء صغير من بيئة أمريكا وفي جزء أيضا من أوقاتهم.

رجل القش

وهي من أشهر المغالطات، وتسمى بالبهلوانية أو مغالطة رجل القش Straw man وهي شخصية بهلوانية فارسية قديمة، وتسمى أيضا بمغالطة التحريف، اما صاحب المغالطة فيقوم هنا بتحريف حجة الخصم عبر عدة أنواع من الادعاءات، كادعائه بأن اقوال واقتباسات الخصم تعني شيء آخر بخلاف ما يدعيه، أو اختلاق حجة وهمية. أو بتعريف آخر فهي ادعاء قائم على تحريف موقف الخصم، بتفنيد شكل الحجة، بحيث يوهم بأن الحجة المعاكسة صحيحة.

ويتم ذلك من خلال عدة وسائل، كتحريف موقف الخصم ثم دحض الموقف المحرف كحالة تبسيط الحجة تبسيطا مخلا ثم دحضها، أو اختيار بعض كلمات أو اقتباسات الخصم بصورة توحي أنها تعبر عن الحجة، ثم القيام بتفنيدها.

ومن الأمثلة على ذلك، تشاور صديقان عن الوجبة الأفضل طعما بين الدجاج أو اللحم، فأجاب الثاني بأن وجب اللحم مكلفة ولا يمكن شرائها. ثم عادل الأول ليوضح مزايا كلا من وجبتي اللحم والدجاج فعاد الثاني ليتحدث عن صعوبة شرائها. والمغالطة هنا هي تحريف النقاش إلى حجة أخرى توحي بأنها تفند الحجة الأصلية. فالحدث من الأساس كان الفرق بين الوجبتين.

ومـن الأمثلـة علـى ذلـك، يقـول أحمـد إن الربيـع العربي كـان فاشـلا. فيجـب عمـار بأن البحـث عـن الحريـة ليس قرارا فاشـلا، لذلك فالربيع العربي كان ناجحا، وبالتالي قام عمار بادعاء ضعف الحجة من واقع حجة أخرى لم ينتقدها أحمد.

الاسكتلندي الأصيل

تسمى أيضا ليس هناك اسكتلندي حقيقي No True Scotsman وهي تنشأ عند الرفض بحجة عدم الأصالة أو الصلاحية، ولذلك فهي تقوم على تعميم تصنيفي عام.

أو القول مثلا: لا يحق لمجهولي النسب الحديث عن مستقبل البلد وهنا تم رفض النتيجة بحجة عدم الأصالة أو الصلاحية. وأحيانا تستمر المغالطة في التسلسل الخاطئ، من خلال المثال الذي ضربه الفيلسوف البريطاني انتوني فلو في كتاب (تفكير عن التفكير) وهو الذي صاغ هذه المغالطة بقوله:

أن هناك رجل اسكتلندي كان يقرأ خبرا في الجريدة عن جريمة شنيعة ارتكبها رجل إنجليزي، فكانت ردة فعل الاسكتلندي بأن هذه الجريمة لا يرتكبها رجل اسكتلندي، ولكن في يوم آخر، قرأ الاسكتلندي خبرا عن جريمة أشنع من سابقتها، فكانت ردة فعله بأن هذه الجريمة لا يفعلها رجل اسكتلندي أصيل. وهكذا استمرت المغالطة بالربط مع فرضيات خاطئة.

السببية الزمنية

وتسمى في اللاتينية بمغالطة حدث بعده فهو سببه Post
hoc, ergo propter hoc بمعنى أن حدوث س قبل
حدوث ص، يشير إلى أن حدوث ص كان بسبب حدوث س.
وهي من المغالطات الشائعة، ومثال على ذلك: (نجاح الشركة لم
يحدث إلا بعد تكليف الرئيس التنفيذي الجديد، لذلك فهو سبب
نجاح الشركة) مع أن نجاح الشركة قد يكون لأسباب مختلفة دون أن
يكون للرئيس التنفيذي دور يذكر. أو القول بأن البرودة حدثت
بعد الحرارة، إذا فالبرودة سبب الحرارة.

تندرج هذه المغالطة تحت مغالطة بلا سبب، كما أنها تتداخل
مع مغالطة الاحتكام إلى الجهل أو السذاجة، ولكن من خلال
التبرير الزمني.

مغالطة الغرور

أنا أفضل من الآخرين، إذا الآخرين لا يتقنون شيئا. ولا يمكن إثبات هذه المغالطة إلا بالدليل المنطقي، فبشكل عام قد يكون الفرد محقا عندما يقول أنا أفضل من فلان في الأمر الفلاني لاعتماده على إثباتات. ولذلك يجب أن لا ترتبط هذه المغالطة بالتعميم سواء كان التعميم بالأفضلية عن الفرد الآخر في كل شيء أو التعميم في الأفضلية عن مجموعة من الناس.

قبول الإثبات الواحد

طلب دليل واحد بعينه One single proof، مع تجاهل كافة الأدلة المتوافرة، لاحتمال عدم وجود ذلك الدليل من الأساس. كقول أحدهم أثبت لي قدرتك على قدرتك في قيادة السيارة من خلال الحصول على رخصة القيادة، رغم إمكانية إثبات ذلك بقيادة الفرد للسيارة بدلا من دليل تجاوز اختبار القيادة. كما أن هذه المغالطة تحدث في مواقف مختلفة، وخاصة تلك التي يميل فيها الخصم إلى محاولة إنكار الإثبات القائم.

رهان باسكال

يعد الرهان الشهير Pascal's Wager أحد أهم المغالطات المنطقية، فباسكال فيلسوف فرنسي، يقرر بأن الإيمان بالله ليس مضرا، وفي نفس الوقت فإن إنكار وجوده قد يؤدي لدخول جهنم، وبالتالي فمن الأفضل أن نؤمن بالله لأننا لن نخسر شيئا.

والإيمان بالله تعالى بهذه الطريقة لا يتفق لا مع الصدق ولا المنطق. وهناك الكثير من الأمثلة على مغالطة الرهان هذه، كالقول، ماذا ستخسر لو آمنت بالبوذية؟!

ولذلك فمغالطة رهان باسكال تندرج في إطار مغالطة الاحتكام إلى الجهل، وكذلك مغالطة غياب المعطيات.

الرجال المقَنَّعين

تشير مغالطة الرجال المقَنَّعين Masked man إلى الادعاء بأن الشيء إذا كانت له خاصية معينة تتغير بتغير الموقف، فهذا الشيء ليس هو نفسه في الموقف الآخر. وأبرز مثال لذلك هو قصة سوبرمان الرجل الطائر، فمن المعروف أن الشخصية الحقيقة لسوبرمان هي الموظف البسيط كلارك كينت، وبالتالي وحسب المثال، فجون سميث يؤمن أن سوبرمان يطير، وهو يؤمن أيضا أن كلارك كينت لا يطير، إذا فكلارك كينت وسوبرمان ليسا نفس الشخص.

مشكلة هذه المغالطة هو تغير الموقف، فسوبرمان هو كلارك كينت ولكن ليس في نفس الموقف. فإذا تحول الأخير إلى سوبرمان، لم يصبح كلارك كينت بكافة صفاته. ولكن تبق الحقيقة المنطقية الأكثر قبولا هي أن كلارك كينت هو نفس سوبرمان. وتعد من المغالطات الرسمية لأنها غير منطقية ولا مقبولة.

مضخة البديهيات

تسمى أيضا بمضخة الحدس Intuition pump وذلك بتعمد الحصول على أجوبة بديهية عصفية غير صحيحة، بهدف إثبات النقاط الخاطئة في التجربة. وقد ارتبطت مضخة البديهيات بمنهج علمي يسمى تجربة الفكر Thought experiment وذلك بتعمد إطلاق فرضيات بديهية قابلة للنفي، بغرض التفكير في العواقب.

فمثلا (سبب تناول القطة للطعام هي رائحة الطعام) فمن البديهي أن رائحة الطعام قد تكون سبب لانتباه القطة للطعام، ولكن السبب الرئيسي لتناول القطعة للطعام، قد يكون الجوع. أما السبب في ممارسة هذه المغالطة، فهو في المنهج العلمي بهدف التحقق مثلا، ما إذا كان الجوع سببا رئيسيا أم لا أو ما هو دور رائحة الطعام في أكل القطة. ولكنها قد تصبح مغالطة الاحتكام إلى الجهل إذا ما كان الحكم النهائي هنا هو رائحة الطعام.

حجة الكذب

وهي كافة المغالطات التي تندرج تحت مغالطة الكذب والإنكار والتلفيق، والأمثلة كثيرة، ولكن أحدها هو بناء كذبة ثم وضعها كخيارات، كالقول لديك خيارين، إما الفصل من وظيفتك أو الخصم من راتبك، رغم الادعاء بحدثين لا يمكن تنفيذهما حسب الإجراءات، نظرا لعدم وجود ما يستوجب الفصل أو الخصم.

الالتباس

تنشا عند ظهور الغموض في المعنى، وهي مغالطة عامة تندرج تحتها عدة مغالطات أخرى كالمراوغة والالتباس النحوي والنبر، كما تسمى أيضا بمغالطة الغموض Ambiguity fallacy وقد يسهل كشفها، ولكنها قد تتسبب بمشكلات في فهم المعنى.

ولذلك تنشأ مشكلات الالتباس في كافة اللغات، وخاصة في تعريف القوانين، كنص إحدى قوانين العمل بأن على المؤسسة أن تمنح العامل زيادة سنوية وفقا لما تراه المؤسسة. فقد لا يكون ملزما في الظروف المادية الصعبة للمؤسسة، وقد يفتح هذا البند المجال للاحتكام إلى لجنة النزاعات العمالية، ولكنه بشكل عام يأتي بشكل توصية رغم الإلزامية المنصوص عليها في بداية البند.

هذه المغالطة تنشأ في معظم عباراتنا، ولذلك فهي مغالطة عامة تندرج تحتها عدة مغالطات أخرى.

المراوغة

وتسمى بالمواربة أو التلاعب بالألفاظ Equivocation كالاستبدال المتعمد لكلمة في داخل السياق، وتحويلها لمعنى آخر في سياق آخر. وكمثال، س هو ص ولكن في سياق آخر، س هو ع.

وتعتمد هذه المغالطة على مغالطة الكذب والتلفيق، وتسمى في الثقافة العامة بالعبط، أي الكذب ممارسة المغالطات المنطقية على نطاق واسع بشكل متعمد. ولذلك تندرج تحتها الكثير من المغالطات كالاحتكام إلى السلطة أو الجهل أو استخدام مغالطة رجل القش.

وعادة ما ينجح المراوغ من خلال التعويل على غباء وجهل المستمعين، فهو يستطيع وضع عدة معاني للفظ واحد يختلف في بداية الحديث عن وسطه عن نهايته.

إحدى وسائل المراوغة هي القول بأن العلم يهدف إلى نشر الخير في العالم، والسحر هو أحد العلوم لذلك فهو يهدف إلى نشر الخير في العالم. وإحدى ابرز الأمثلة هي استخدام مصطلح العلم مع ما يسمى بالعلوم الزائفة Pseudoscience كالتنجيم والتنويم المغناطيسي والبرمجة اللغوية العصبية، أو ما يسمى بعلم تحليل

الشخصية من خلال الخط. فكافة هذه الادعاءات لا تعتمد على مبادئ وظروف المنهج العلمي الصارم والذي تمثل قابلية التكذيب إحدى شروطه.

ماجد الحمدان

الالتباس النحوي

تنشأ عند وجود عند غموض العبارة في بنائها النحوي وليس في معناها، أي عند وجود عبارة حمالة أوجه، قد تؤدي إلى معنيان صحيحين ولكن يختلفان بحسب البناء النحوي ولذلك تسمى أيضا باشتراك التركيب أو الالتباس النحوي Amphiboly. وهي إحدى المغالطات التي تندرج تحت مغالطة الالتباس Ambiguity، وذلك بغموض المعنى. وأبرز الأمثلة على ذلك هي تنبؤات الدجالين والعرافين الغامضة في معانيها، لكي تذهب بالمستمع لعدة احتمالات يختار منها الأقرب. كتنبؤ العراف لأحد الملوك، بأنك مقبل على تدمير مملكة عظيمة، ولكن بعد خسارة الملك للحرب، تبين أن تلك المملكة هي مملكته هو.

النبر

معنى النبر Accent أو Stress هو التشديد أو الارتكاز أو التوكيد، وهو مصطلح لساني له أنواعه، كحالة التشديد اللفظي على المصطلح مما قد يؤدي إلى تغيير المعنى. وتندرج تحت مغالطة الالتباس Ambiguity وذلك بغموض المعنى، ولكن النبر يختص بطريقة النطق.

ومن الأمثلة على ذلك : محمد رجل مخلص مع أصدقاءه. فلو نبرنا على كلمة مخلص فسوف يأتي المعنى بالإشارة إلى نفسي عدم إخلاص محمد، أما لو نبرنا على أصدقاءه فسوف يأتي المعنى بالإشارة إلى أن إخلاص محمد هو مع أصدقاءه فقط. وتنشأ هذه المغالطة عند النبر بصورة خاطئة أو عند الفهم بصورة خاطئة دون معرفة حاجة النبر، ولذلك نجد بأن هذه المشكلة قد نشأت مثلا في اللغة العربية المكتوبة الغير منقطة.

التماس المشاعر

وتسمى بالاحتكام إلى المشاعر Emotional appeal وهي مغالطة سائدة في التسويق للأفكار والمنتجات، كمحاولة إقناع المشتري بأن جهاز الموبايل أنيق ولا يشتريه إلا المتميزين، وبالتالي فقد كان ذلك على حساب مزايا الجهاز. كما أنها مغالطة سائدة لدى السياسيين، وخاصة وقت الحرب، وذلك بالتركيز على قيم البطولة والوحدة والكرامة، على حساب مصلحة الإنسان ومع تغييب الأبعاد المنطقية والواقعية التي يمكن أن تترتب على هذه الحرب من خراب ودمار.

وتسمى أيضا بمناشدة الشفقة، كالقول اختاروني وسوف أحقق لكم ما تريدون، وقد تتداخل مع الاحتكام إلى الخوف بالقول، اختاروني وإلا فمصيركم مهدد.

الوهميات

مغالطة الوهميات Delusions تنشأ عند التعامل مع الوهميات كأدلة للإثبات. أو الاعتماد على أدلة غير محسوسة، فمثلا يدعي أحدهم بأن الدخول إلى المنزل سيؤدي إلى الموت، وذلك لوجود الاشباح. وهنا تم استخدام دليل غير ملموس أو غير موجود. وهي تندرج في إطار مغالطة بلا سبب، ولكن بالتعميم بأدلة وهمية ليست السبب للنتيجة، كالقول بأن سبب برودة الماء هو السحر، أو أن سبب نجاح س في المدرسة هو حسن خلقه. وكما نرى فقد تم استخدام أدلة وهمية أدت إلى الاحتكام إلى الجهل أو السذاجة.

مغالطة التشيئ

تنشأ مغالطة التشيئ عند تحويل الافكار المجردة أو العلاقات إلى كيان مادي ملموس، كاعتبار الذكاء البديهي هو الدماغ، أو التعامل مع بعض التصورات الذهنية المجردة كوجود حقيقي. وتسمى هذه المغالطة أيضا بالتجسيم أو بالتشيئ Reification وهو لفظ من الشيء يشير إلى التحول إلى الأشياء، كاستشعار الفرد على النطاق الإنساني بأنه شيء من الأشياء لا أكثر، ويحدث هذا الإحساس عندما تتوغل المادية في حياة الفرد.

وهي مغالطة سائدة ومهمة، قد يعجز الإنسان معها عن فصل ما هو حقيقي مما هو غير حقيقي. كما أنها طبيعة ذهنية ضرورية لبناء الواقع من خلال الصور الذهنية، وقد قام الفكر الإنساني بمجمله على التشيئ، ولذلك فهناك خط فاصل علينا إدراكه، يحدد لنا ما هو عقلاني. فأبعد الحدود المتطرف للتشيء هي الأمراض النفسية كالفصام في درجته العليا والتي يبدأ فيها المريض بالحياة في عالم مختلف أو متعارض عن واقعه الشخصي. أما الضفة الإيجابية فهي قدرتنا من خلال الصور الذهنية على البناء، كاعتبار الدولة جسد إنساني واحد، ولكن وفقا لحدود النقاش العقلاني.

ومن الأمثلة التي نقع بها في المغالطة المنطقية، هو التعامل مع الذكاء كدماغ. ومن الأمثلة الأخرى هو التعامل مع القوانين كأشياء

لا يمكن تغييرها، فالقوانين في عرف العلوم الاجتماعية، تنشأ وفقا لحاجات ومشاعر الإنسان. أو التعامل مع الصناعة كخطر آلي يفكك العلاقات بين البشر. فالصناعة هي اختيار إنساني وهو من يحدد الأخطار.

ولذلك فنحن بحاجة لعقلنة التشيئ بأن نتعامل مع هذه المصطلحات أو الأفكار المجردة كاستعارات مجازية، كدعوة الاجتماعي ماكس فيبر إلى نزع السحر عن العالم، فالعالم هنا ليس إنسانا تعرض للمفهوم السائد للسحر، ولكنه يشير في هذا المجاز إلى الحاجة لعقلنة المجتمعات وأنسنة الثقافة، أي دفع المجتمعات للتعددية والانفتاح على الآخر.

ماجد الحمدان

حجة المترتبات الغير محتملة

رفض إحدى الحجج المطروحة اثناء النقاش، بحجة أن نتائجها لا تحتمل أو لا تطاق، وبالتالي يدعو صاحب المغالطة إلى رفض النقاش في الحجة. وتعد هذه من المغالطات المنطقية، لكونها قد تقبل أحيانا باعتبارها هدم لحجة الخصم.

الاحتكام إلى المصادر المشوهة

هو الاحتكام بالرأي على مصدر مشوه أو غامض أو غير مؤكد بدلا من الدليل، وهي من أهم المغالطات، لكونها الإطار العام للكثير من المغالطات التي تقوم على الاحتكام إلى مصادر أخرى، كالاحتكام إلى السلطة أو الشعبية أو الموروث أو الخوف.

وتسمى أيضا بمغالطة الاحتكام إلى الأصل، وتنشأ عند الحكم على النتيجة من خلال أصولها، ولذلك فهي مغالطة عامة، كالقول أن أرسطو قديم، ولا يمكن الاحتكام لرأي فيلسوف من التراث. أو القول بأن فلان لا ينتمي لنا، فلا يمكن لحكمه أن يكون صحيحا.

أما المصادر فقد تكون صحيحة أو غير صحيحة، كالصديق أو الخبير أو صاحب السلطة ومن الأمثلة على ذلك، كالقول بأن فلان مديرك، ولذلك فرأيه سيكون أفضل من رأيك. أو فلان أغنى منك لذلك فهو أذكى منك. أو هذا الجوال جديد لذلك فهو أفضل من الجوال السابق. أو هؤلاء الفقراء سيقبلون منك الصدقة لأنهم فقراء، أو أنا مؤمن بالأشباح لذلك فهناك أشباح.

وأحيانا يمارس الاحتكام إلى المصادر الغامضة من خلال مغالطة الإسقاط العقلي، كقول أحدهم أنت تحبني ولذلك سوف

تشتري لي ما أريد. فهنا تم إسقاط فكرة قد تكون غير صحيحة، وتم الاعتماد على مصدر غامض غير مثبت. كما أنها تمارس أيضا مع مغالطة الاحتكام إلى الخوف، كالقول بأنك إذا خرجت في الليل فقد تخطف. وهنا تم الاعتماد على مصدر الخوف الغامض.

كم أنها تمارس ايضا من خلال تفضيل النتائج الإيجابية، كاستحسان بعض النتائج لأنها مريحة، وكالقول بأن الثراء هو مصدر السعادة ، بينما قد يحدث العكس. وتمارس أيضا من خلال الاحتكام إلى السخرية، كالقول بأنك تقول كلاما مضحكا، فالحقيقة بخلاف ذلك.

على صعيد آخر فالرأي القائم على المصدر، عادة ما يكون هو أفضل أنواع الإثبات للرأي القائم على الاحتكام العلمي، فلو حاولنا إثبات نظرية التطور فقد نقدم طريقتين للإثبات، الأولى هي الأدلة والثانية هي المصادر، أما الأدلة فيمكن أن تكون مثلا بالحدث عن السجل الأحفوري بتفاصيله، ولكن حتى هذه الأدلة تحتاج إلى إثبات صحتها ودقتها وعدم تزييفها، وهنا ننتقل في محاولات الإثبات إلى تسلسل أكثر تعقيدا، أما الطريقة الثانية للإثبات فهي المصادر، كالاعتماد على نفس موضوع نظرية التطور على الأبحاث المدونة في مجلة العلوم الأمريكية science المعروفة بتحريرها من قبل نخبة من الأكاديميين المتخصصين. ولذلك فقد نلجأ مثلا من الحالة الأولى القائمة على الأدلة إلى الحالة الثانية. وفي

كافة الحالات يظل الأفق الواسع والحراك العلمي المستمر والقابلية على النقاش والتطوير والشجاعة، من أهم معايير إدراك الحقيقة.

الاحتكام إلى الطبيعة

إحدى مغالطـات الاحتكـام إلى المصـادر المشـوهة وتسـمى بالاحتكـام إلى الطبيعة Appeal to nature، وتنشأ عنـد الإدعاء بأن هذا الشيء طبيعي، إذا فهو جيد، أو هذا الشـيء غير طبيعـي، إذا فهـو غـير جيـد. وعـادة مـا تسـتخدم في المنتجـات والإعلانات، كاستخدام بعض العطارين أعشابا أو مساحيق سامة قـد تتسـبب بأمـراض خطـيرة لأصـحابها، بحجـة أنها طبيعيـة. أو العكس، فقد يتم نقد منتجات أو أشياء بحجة أنها غير طبيعية.

لقد انتشرت هذه المغالطة على نطاق واسع، فكانت من أهم أسباب الاختلاف مع المنهج الحديث، فحتى في الطب النفسي، نجـد بأن البعض يرفض أدويتـه وعلاجاتـه السريرية بحجـة أنـه غير طبيعي.

الاحتكام إلى نظرية الكم

مغالطة الاحتكام إلى نظرية الكم Appeal to Quantum Physics تنشأ عند الحكم على صحة الشيء بسبب صعوبته. وهي إحدى أهم المغالطات، لأن الكثير يعتقد بأن ما يسمعه من العلماء والمتخصصين، يبدو صحيحا لعدم إمكانية فهمه ولأن العلماء قادرين على فهمه.

فنظرية الكم هي إحدى أصعب النظريات في الفيزياء، سواء من خلال تكوينها أو نتائجها أو لغزها، ولذلك فعادة عندما يتكلم أحد العلماء فيما يشكل فهمه على الأغلبية، فعادة ما يتم النظر إلى أن كافة آراء أو أحكام هذه العالم بكونها صحيحة.

ويصل نطاق هذه المغالطة حتى مع الأشخاص العاديين، فعادة عندما يتكلم شخص غير متعلم، مع شخص أعلى تعليما منه بشكل نسبي، فإن الأول ينظر للثاني بأنه متعلم ويفهم ماذا يقول، إذا فكلامه صحيح.

الاحتكام إلى السلطة

تنشأ مغالطة الاحتكام إلى السلطة Argument from authority عنـد الاحتكـام بالـرأي علـى صـاحب خـبرة أو منصـب، أو يملـك سـلطة في مجـال الموضوع. وتعد مـن اشـهر المغالطات، كالقول بأن نظرية تناقص الغلة الاقتصادية صحيحة لأن العالم الفلاني قال بها، وهو صاحب شهادات علمية رفيعة، رغم أنه قد يكون مخطئا. أو أن مجموعة من علماء جامعة هارفرد أكدوا أن التـدخين أحـد أهـم أسباب السرطان، لذلك فالتـدخين أحـد أهـم أسـباب السرطان، والمغالطـة هنـا هـي الربط الغير منطقي، فهنـاك أسباب تؤدي للسرطان ليست هي التي أدت لاتخاذ العلماء لذلك القرار.

كما أنها تستخدم بطريقة أخرى، كالاحتكام إلى رأي طبيب أعصاب حاصل على شهادات رفيعة، في رأيه عن سبب حدوث الثورة الفرنسية. واعتبار رأيه سليم لأنه يملك شهادات رفيعة في الطب، والمغالطة هنـا هـي الاعتمـاد على رأي ثقة ولكن في غير تخصصه. ولكن يجب أن لا يؤدي ذلك بدوره إلى مغالطة التوليد، والتي ترفض فيها الحجة لعدم التخصص أو لعدم الثقة بالمصدر.

ولكن هذه المغالطة غير رسمية، فقد تكون مقبولة ولكنها غير مقنعة منطقيا أو منهجيا أو علميا. مع ضرورة الإشارة إلى ما يسمى

في المنهج العلمي بمنهج مراجعة الأقران Peer Review أي الاحتكام العلمي بين مجموعة من الأطباء مثلا، عن سبب مرض السرطان، حيث أن الاحتكام العلمي القائم على رأي الأغلبية، يقوم على النقاشات والإثباتات المنهجية العلمية والمنطقية.

الاحتكام إلى الشعبية (الإجماع)

تـترجم بالحجـة مـن الشـعبية Argument from popularity وهـي أحـد أشـهر المغالطـات، وتنـدرج في إطـار الاحتكام إلى السلطة، ولكن باستخدام سلطة الجماعة أو الأغلبية أو هي الحجة المبنية على رأي الأغلبية دون استناد على دليل يثبت صحة القضية، ولذلك تسمى أيضا بحجة الأغلبية، فمثلا لا يمكن أن يكون الجميع مخطئون. أو كمثال فالجميع يقول بأن الأرض ثابتة لا تدور، إذا فهي ثابتة لا تدور، دون استخدام التبرير المنطقي أو العلمي.

وتسـمى هـذه المغالطة أيضا بمناشـدة الجوقة، كالقول لماذا لا ترتدي الزي الرسمي وقد ارتداه كافة الموجودين، أو لماذا تدعي هذا الأمر والجميع ينكره.

أهمية التعـرف على هـذه المغالطـة هـو إدراك حجـم الكـوارث التي تسببت بها على مر التاريخ، ومدى تأخيرها للتقدم العقلي البشري، وذلك مـن خـلال التحجر أمـام الأفكـار التـي يحتمـل أن تكون هي الحقيقة الصالحة للاستخدام.

وتسمى هـذه المغالطة أيضا بمغالطة الاحتكـام إلى الرأي العام، كالقول بأن كافة النـاس يبحثون عن الحرية، لذلك فمن الأفضل

تطبيق الحكم الديمقراطي. والخطأ هنا ببناء فرضية غير مؤكدة ثم تعميم الحكم بالربط مع الرأي العام. وقد تكون الأغلبية مثلا ضد الحكم الديمقراطي والأهم في المغالطة هو عدم الاعتراف بالرأي المعارض.

كما أن هذه المغالطة تخضع لما يسمى بسلطة الجماعة، وهو الحكم الذي يطلقه الفرد تحت تأثير رأي الجماعة، ولكن خارج سياقة مغالطة الاحتكام إلى الشعبية أو السلطة، فمشكلة سلطة الجماعة أن الحكم الفردي تحت تأثير الجماعة، يختلف عن الحكم الفردي عند الخلوة مع الذات ومراجعتها بتجرد، ويقع في هذه الورطة حتى منهم في أعلى درجات العلم والمنطق.

أما أفضل الامثلة لذلك فهو حكم المحلفين الذي يلزمهم بالانتهاء إلى رأي موحد، ولكن عند مراجعة أحكامهم الشخصية واحدا تلو الآخر، فقد نجدها متعارضة مع الحكم النهائي، بل ما هو أكثر من ذلك، وهو أن بعض الحالات، يحدث فيها أن تختلف آراء كافة أفراد مجموعة المحلفين عن الرأي النهائي المتفق عليه. وفي هذه الحالة نكتشف بأن هناك لا وعي جمعي يحكم تصوراتنا، قد يأتي تحت الخوف أو التعصب أو الانتماء أو حتى الشعور بالغثيان.

أشهر المتحدثين عن هـذه النظرية هـو جوستاف لوبـون في كتـاب (روح الاجتمـاع) والـذي أثبـت فيـه بالشـواهد حالـة تأثيـر الجماعة على حكم الفرد.

الاحتكام إلى الموروث

حجـة العصـور البائـدة Argument from antiquity وهي أحد أشهر المغالطات، وتندرج أيضا في إطار مغالطة الاحتكـام إلى السـلطة، ولكـن مـن خـلال الاحتكـام إلى سلطة الموروث أو العادات أو التقاليد وتسمى أيضا بحجة الاحتكام إلى حكمة الأولين Appeal to ancient wisdom كالإصرار على المبدأ أو المذهب أو الفكرة لأن الأوائل قالوا بها. كقول أحدهم بأن الإبر الصينية علاج نافع لكافة الأمراض، لأن الأوائل كانوا يستخدمونها للعلاج. أو القول بأن هذا المذهب هو ما ورثناه عـن آبائنا وأجدادنا، فهو صحيح. رغم أن الفرد الواحد بين ملايين البشر، قد يكون الأصوب منطقيا.

كمـا أن هـذه المغالطة تـترادف مـع مغالطة التماس التقاليـد Appeal to tradition ، والتي تشير إلى الإصرار على العـادات الحاليـة، كـالقول بأن المعتـاد هـو توقيـع كافة المدراء على الطلب قبل اعتماده، ولذلك فهذا هو الإجراء الأفضل.

إحدى أشهر الأمثلة لمغالطة الاحتكام إلى الموروث أو التقاليد هـي تجربـة القـردة الخمسـة، والتجربـة باختصـار هـي وضع الباحث خمسة قرود في قفص مع تعليق حزمة من الموز في منتصف القفص في أسـفلها سـلم. والآن قـام القـرد الأول بمحاولـة الصـعود للسـلم

لقطف الموز، فقام الباحث برش الماء البارد على القرد ومن معه وذلك لمنعه من قطف الموز، فهرب القرد من السلم، وهكذا كلما حاول أحد القردة الخمسة من قطف الموز تعرضوا للرش بالماء البارد. فقام الباحث بإخراج أحد القدرة الخامسة وأدخل بدلا منه قردا جديدا لا يعلم ما كان يحدث. وتوقف الباحث عن رشد الماء، وعندما حاول القرد الجديد من صعود السلم، قام القردة الأربعة بالاعتداء عليه لمنعه من الصعود خوفا من الماء البارد، واستجاب القرد الجديد خوفا من الجماعة دون أن يعلم ما هي الأسباب. وهكذا كلما أخرج الباحث قردا جديدا تكرر نفس الموقف بالاعتداء على القرد ومنعه من صعود السلم.

هذه التجربة تستخدم في العلوم الإدارية والاجتماعية لتحليل أطباع الجماعات، وتعبر عن مغالطة الاحتكام إلى الموروث أو التقليد، وكيف للجماعة أن تكون هي السبب في خوف الآخرين بالخروج من الصندوق دون سبب مقنع.

الاحتكام إلى العصري

تنشأ هـذه المغالطـة عنـد الاحتكـام إلى الأفضليـة بنـاء على الحداثة والجـدة، وهـي إحـدى المغالطـات التـي تنـدرج تحت مغالطة الاحتكـام إلى مصادر مشوهة، ولكنها شائعة جدا، وتسـمى أيضا بمغالطة مناشدة الحداثة Appeal to Novelty وهي بعكس مغالطة الاحتكام إلى الموروث، ولكن كلاهما وجهان لعملة واحدة. كمن يقول هذه ملابس أجدد وبالتأكيد هي أفضل من الحالية، مع أن الملابس القديمة قد تكون أفضل في الجودة وأقدر على التحمل وأجمل في التصميم.

وتستخدم هـذه المغالطـة على نطاق واسـع عنـد نقـد الأفكار والتيارات القديمة، كنقد المنطق القديم بحجة أنه عفى عليه الزمن، مـع أن المنطق عند الفلاسفة القدامى لازال أحد صالحا في الكثير مـن أوجهـه، وكـان لـه دور في إنتـاج المغالطـات المنطقيـة بصيغتها المعاصرة.

الاقتطاع من السياق

وتسمى بمغالطة النقل إلى خارج السياق Fallacy of quoting out of context وهي من مغالطات الاحتكام إلى المصادر المشوهة وتعتمد على لوي أعناق النصوص أو اقتطاع الفكرة من السياق، كالقول بأن الصلاة حرام لآية ولا تقربوا الصلاة، مع تجاهل الآية الكاملة (ولا تقربوا الصلاة وأنتم سكارى). وهي من أهم المغالطات في العالم، وعادة ما يتم استخدامها لسحق الخصوم، بأخذ الاقتباسات أو المصادر من أقوالهم، ولذلك فهي تندرج أيضا تحت مغالطة الاحتكام إلى المصادر المشوهة.

مغالطة الاقتباس

استخدام الاقتباسات بكافة أشكالها كحكم عـام. بمعنى أن
العـالم الأحيائي الفـلاني قـال بأن نظرية التطور صـحيحة، إذا فهي
نظرية صـحيحة، وهي تندرج أيضا في إطار الاحتكـام إلى المصـادر
المشوهة وتحديدا مغالطة الاحتكام إلى السلطة، ولكنهـا استعانـت
بالاقتباس. كقول س عن ص بأن ص ذكي، فإذا ص ذكي. وذلك
بالاعتماد على رأي شخص آخر، سواء كان احتكاما إلى السلطة
أو كـان شخصـا مجهـولا. وذلك بـدلا مـن عـرض الفكـرة ونقاشـها
منطقيا للتحقق من النتائج.

أفضـل مثال عـن ذلـك، هـو طريقة الرد بـين طرفين بقصائد
مقتبسة من الشعر، أو محاولة طرفين إفحام بعضهما من خلال الرد
بنصـوص مقتبسـة مـن الكتـاب المقدس، دون إجراء نقـاش منطقـي
لسياقاتها وأهدافها ومعانيها.

مخاطرة جاليليو

تسمى أيضا بمناورة جاليليو Galileo gambit وهي مغالطة بعكس مغالطة الإجماع، أي انا محق لأنني أخالف الرأي العام، كما خالفه جاليليو وانتصر في قضية دوران الأرض. غير أن جاليليو كان محقا لاعتماده على المنطق العلمي وليس لمجرد مخالفة الرأي العام.

فالبعض يستخدم هذا المبرر لإثبات احتمال صحة كلامه، ولكن تستخدم هذه المغالطة أحيانا للدفاع النفسي، وذلك فقد تكون مقبولة بل ومؤثرة وإيجابية، ولكنها غير منطقية، فهناك احتمال كبير أن يتسبب استخدام هذه الحجة للوصول إلى نتائج فادحة.

عدم التخصص

مغالطة بعكس الاحتكام إلى السلطة، أي ادعاء الإثبات دون امتلاك المعرفة المتخصصة، فمثلا يشير أحدهم إلى أن قلة كثرة شرب الماء تسبب المرض، وبالتالي فقد يستخدم للإثبات أدلة وهمية تؤدي به إلى مغالطات مختلفة. دون أن يمتلك دليل علمي من واقع التجارب المنهجية العلمية للأطباء الباحثين في المسألة، ومع ذلك فهذه المغالطة لا تشير إلى عدم إمكانية التفكير المنطقي دون تخصص، ولكن الاختبار يكون بتقديم الإثبات، وبالتالي قد تكون الإجابة على من أدعى بأن كثرة شرب الماء تسبب المرض هو الرجاء أن تقدم لي الإثبات؟! أما هذا الإثبات فقد يكون تجربة على سبيل المثال، أو استخدام مصادر موثوقة. أما هذه الموثوقية فتحدد بمعايير مختلفة حسب جهة المصدر، ففي الفيزياء مثلا، هناك مجلات علمية معروفة تعد مرجعا للتحكيم العلمي.

103

التوليد

تنشأ من خلال رفض الفكرة بحجة التشكيك في أصلها، فالبدوي ليس بالضرورة جاهل، وابن اللص ليس بالضرورة لصا، والعكس كذلك، فالأب الصالح ليس من الضروري أن ينجب ابنا صالحا.

كما أنها تشبه مغالطة عدم التخصص في جانب التشكيك بالمصادر ولكن مغالطة التوليد Genetic fallacy عامة وتندرج أيضا تحت مغالطة الاحتكام إلى مصادر مشوهه، كادعاء خالد بأن الحضارة العربية قد واجهت مشكلات محاربة العلم والعملاء منذ بدايتها، ثم يجيب عمر خالدا بعدم تخصصه، وما هي مصادره؟ مع تجاهل طلب الإثباتات. فعمر هنا شكك في الأصل الذي يستند عليه خالد، بحجه أنه غير قادر على توليد آراء صحيحة من ذلك الأصل.

وبشكل عام فالمصادر يمكن أن تكون صحيحة أو خطأ، والأصل يمكن أن يؤدي للجيد أو للسيء. وقد تمتزج أيضا بمغالطات الشخصنة والتصنيف ومصادرة المطلوب، بالقول أن فلان مدخن، فلا يمكن تقبل نصائحه عن ترك التدخين.

غياب المعطيات

وهي اتخاذ قرار ثم تبريره مع حتمية عدم توفر المعطيات، فمثلا اتخذ المحلفين قرارا ببراءة المتهم، دون أن يكون هناك دليل على كل من براءته أو ثبوت التهمة، ثم برر المحلفين ذلك بعدم وجود الدليل على جريمته. وتختلف هـذه المغالطـة عـن الكثير مـن المغالطـات الأخرى، بضرورة اتخاذ القرار حتى مع افتقاد المعطيات. فحكم أحد أفراد المحلفين في المثال السابق، يمكن قبوله كحل نهائي أي أنه قد مقبول ولكنـه غير مقنـع، فهنـاك احتمـال قـائم بوجود دليل على ارتكاب المتهم للجريمة، ولكن دون إمكانية إثباته لعدة أسباب منها احتمال تكاسل المحققين.

تحدث مغالطـة غيـاب المعطيـات بطريقـة مختلفـة تـؤدي إلى إمكانية تغيير الموقف، فمثلا وجـه س سـؤال لكل مـن ص و ع: كيف ندخل الفيل في الثلاجة؟ فأجاب ص قائلا: نقوم بتقطيعها ثم وضعها في الثلاجة. أمـا ع فأجاب على نفس السـؤال بقوله : نقوم بإدخال الفيل إلى الثلاجة فورا. وبالتالي قام س بإقحام الطرفين في فـخ تغيـير الجـواب كمـا يريـد. ولـذلك لعـدم اتصـاف السـؤال بالشروط الموضوعية.

ولا يوجـد إجابة حاسـمة هنـا، ففـي الإجابـة عـن تقطيعـه ثم إدخالـه في الثلاجـة، قامـت على افـتراض ذهـني مسبق أن الفيـل

105

حجمه أكبر من الثلاجة. أما في إجابة إدخاله الفوري فقد كان هناك افتراض بأن الحجم مناسب.

وقد انتشر سؤال الفيل والثلاجة على نطاق واسع، وكانت إجابة الكثير من أصحاب التفكير المعقد أو العالي بتقطيعه ثم إدخاله في الثلاجة، وذلك بسبب الإجابة دون معطيات، ولكن كانت هناك أجوبة بديهية في مختلف مستويات الذكاء، بالإشارة إلى إدخاله فورا في الثلاجة رغم عدم توفر المعطيات أيضا، فقد يكون حجم الفيل أكبر من الثلاجة.

وبالتالي فالمغالطة المنطقية قد تمارس تلقائيا حتى مع أصحاب التفكير المنطقي العالِ، وخاصة عندما يكون اتخاذ القرار إجباريا دون توفر المعطيات.

التقسيم والتجميع

تنشأ عند محاولة التقسيم أو التجميع وتسمى أيضا بمغالطة التفكيك والتركيب Composition and division للأشياء ثم ربط الأسباب بشكل خاطئ، وهي مغالطتين في مغالطة واحدة، ولكن كل واحدة منها عكس الأخرى إنما بنفس الطريقة.

بمعنى أن التجميع Composition هو الخلط بين ما هو صحيح بالنسبة للكل، ولكنه ليس صحيح بالنسبة للجزء. كمثال (الكربون مادة غير خطرة كما يؤكد العلماء، كما أن الأكسجين كذلك. إذا فثاني أكسيد الكربون ليس خطرا على الإنسان). والمغالطة هنا هي أن ثاني أكسد الكربون هو مركب ثنائي يجمع الكربون مع الأكسجين، ولكن ثبت أنه مادة قد تشكل خطرا على الإنسان ولا بد من طردها من الجسم.

ومن الأمثلة البارزة لمغالطة التجميع، هو القول بأن كل لبن لذيذ، واللبن سائل، فإذا كل سائل لذيذ. فهذه المغالطة تقوم على وضع قاعدة ذهنية، تبنى عليها نتيجة غير صحيحة.

أمـا في التقسـيم Division فيحـدث الخلـط بالعكس، فيصبح ما هو صحيح بالنسبة للجزء، صحيح بالنسبة للكل. فمثلا (هذا الجدار لونه أبيض، إذا فالطوب لونه أبيض) والمغالطة هنا هي

احتمال وجود الدهان وحاجز طيني على سطح الجدار بعد بناءه بطوب أحمر.

ويبرز المثال في عملية التقسيم والتجميع في الأعداد، فمثلا يقول أحدهم بأن العدد 4 زوجي وفردي، لأنه يتألف من أعداد زوجية وفردية مثل 1 و 2. فوجود الأعداد الفردية في العدد 4 لا يعني أنه عدد فردي لا يمكن تقسيمه على 2 بنتيجة عدد صحيح. أول القول بأن الشمعة تحتوي على جزئيات غير مرئية بالعين المجردة، إذا فالشمعة غير مرئية بالعين المجردة.

التماس الإنجاز

وهو ادعاء إثبات الحقيقة من خلال حدوث الإنجاز، وهي إحدى مترادفات مغالطة الاحتكام إلى السلطة، فمثلا يقال بأن العالِمُ العربي الفلاني له إنجازات علمية كبيرة، إذا فالعرب أهل علم، رغم انتشار الأمية في الدول العربية وتوقف الامتداد العلمي. وهي تندرج تحت مغالطة الاحتكام إلى المصادر المشوهة.

مغالطة المغالطة

وهي ادعاء استخدام المنطق بمغالطة المغالطة The fallacy fallacy كما تسمى الحجة من المغالطة Argument from fallacy وتقوم على ادعاء وجود مغالطة منطقية لدى الخصم، بهدف بناء مغالطة منطقية أخرى. ومشكلة هذه المغالطة أنها تصيب المدعين للمنطق.

لقد قال الجميع بأن هذا الشيء صحيح، فيجيب الثاني لقد استخدمت مغالطة الاحتكام إلى الشعبية، لذلك فكلامك خطأ. أو بطريقة أخرى فهي أن نقول للآخرين بأنهم مخطئون لأنهم لا يتحدثون بشكل منطقي، دون إمكانية تقدم رأي منطقي واضح. كما تعد إحدى المغالطات الرسمية لأنها تصل إلى نتيجة غير مقبولة ولا منطقية.

مغالطة المفهوم

مغالطة سائدة وخاصة في النقاشات الفكرية، وذلك بحدوث سوء الفهم في الحوار بسبب عدم الاتفاق على معنى المفهوم أو المصطلح، فمثلا قال أحدهم بأن الدولة الفلانية فاشلة، وهذا الوصف يأتي عموما في سياقين، الأول هو السياق السياسي العلمي، والذي يثير الجدل أيضا ولكن التعريف السائد هو ان الدولة الفاشلة هي الدولة التي لا تستطيع احتكار العنف المشروع، كحالة دولة العراق مع ظهور الميليشيات داخل الدولة. أو هي الدولة التي تملك حكومة ضعيفة ولا تستطيع السيطرة على جزء كبير من أراضيها. ومع ذلك فإن مفهوم الدولة الفاشلة قد يعني به فردٌ آخر بالدولة الفقيرة، وهو مفهوم مختلف عن السياق السياسي.

وهناك أمثلة كثيرة كالاختلاف حول مفهوم الحضارة أو الثقافة مما قد يؤدي إلى سوء تفاهم وبالتالي نتائج غير صحيحة.

وتختلف مغالطة المفهوم عن مغالطة مشبهات لفظية، بكون الاختلاف ليس على المعنى، ولكن عن حالة فهم المعنى، فعندما يتحدث أحدهم عن العلم، فقد يعني به المعنى الحديث والذي يشير إلى المناهج العلمية المعتمدة للوصول إلى النتائج. ولكن عند البعض فهو من المعرفة والإدراك سواء كان ذلك لنتائج جديدة أو قديمة.

ولذلك فلا يمكن للطرفين أن يلتقيان في الحوار طالما كان هناك اختلاف في مفهوم العلم.

المنحدر اللزق

تنشــأ عنــد الحكــم بأن حــدوث أمــر مــا، ســيكون محكومــا بحدوث سلسلة من الأحداث، أو ربط حدث سلبي معين بغياب حدث آخر، ولذلك يجب أن لا يغيب الحدث الآخر.

ولذلك يمكن تســمية مغالطة المنحدر اللزق   Slippery slope بمغالطة سد الذرائع، وهي المغالطة الأكثر شيوعا في ثقافتنا العربية.

ومن أشهر الأمثلة على المنحدر اللزق، قال البدوي لنفسه: إن تركت الجمل يــدس أنفه في خيمــتي في هــذه الليلة البــاردة فإنه يوشــك بعــدها أن يــدس رأســه كلــه، ثم رقبتــه حـتى يصبـح الجمـل بأكمله داخل الخيمـة. ولذلك تسـمى المغالطة أيضا بأنف الجمل Camel`s nose. وتسمى مغالطة المنحدر اللزق أيضا بمغالطة التمــاس الإمكانيــة الغــير واقعيــة، وذلك بتلمس حدث غير واقعي وربطه بلا سبب منطقي بهدف سد الذرائع.

ومن الأمثلة في سد الذرائع هي القـول بأن زواج المثليين قـد يـؤدي إلى زواج القاصـر. فبغض النظر عـن المسـألة الأولى، إلا أن ربطها بالثانية مغالطة. كما أن هذه المغالطة تستخدم بشكل سلبي تربويا، فالأب يقول لأبنه إن لم تذاكر يوميا ثم تحصل على درجات

113

عالية فإنك ستصبح بائع خضار. ورغم أهمية المذاكرة إلا أن الدرجات العالية ليست السبب وحده في عدم العمل كبائع خضار.

ومن الأمثلة في المجال الإداري هو القول بأنني إذا وضعت لك الاستثناء، فإنه يتوجب علي أن استثني الجميع، أو القول بأن فتح باب النقد سيؤدي إلى فتح باب الإساءة والتجريح.

ونتشر هذه المغالطة في المجال السياسي والديني، كادعاء أحدهم لعدة مغالطات مركبة بأن التغريب وغياب رجال الدين سيؤدي إلى انتشار الزنا وانهيار المجتمع، مع أن استقرار المجتمع مرتبط بالعديد من العوامل ومنها القيم الأخلاقية والدينية السائدة بين الناس، وليس بفئة معينة منهم، كما أن التغريب هنا مفهوم معقد، يستخدم في مغالطة رجل القش بادعاء أن التغريب شر مطلق، رغم أن الكثير من الأنظمة والتشريعات الناجحة والمتوافقة مع عاداتنا وقيمنا، قد تم استقدامها من الغرب.

وأنت كذلك

مغالطة رديفة للشخصنة وتسمى أيضا بالهرطقة وتترجم من اللاتينية بأنت كذلك Tu quoque ولكنها تستخدم على نطاق واسع وتشير إلى رفض الحجة بواقع أن صاحبها يتبنى العكس، فمثلا قام طبيب مدخن بنصح المريض بالإقلاع عن التدخين، فأجاب المريض ولكنك تدخن. فالأخير حاول تنفيد حجة الطبيب بقلب الدور، فكلام الطبيب لا يبطل أنه بدوره بحاجة للإقلاع عن التدخين.

الصفقة بالجملة

الادعاء بضرورة قبول الكل لحدوث الجزء. وهي إحدى أهم المغالطات السائدة، كالقول باستحالة أن تكون فيلسوفا إلا إذا قرأت كافة كتب الفلاسفة. أو استحالة أن تكون ملما بالدين إلا إذا اطلعت على كافة المصادر. أو القول بأنك لا تستطيع فهم قوانين الحركة إلا إذا كنت عالم في الفيزياء. وهي بالتالي مغالطة رسمية لعدم صلاحيتها، إذ يستحيل لإنسان أن يقرأ كافة كتب الفلاسفة، ويستحيل أن يكون سبب الإلهام بالدين هو قراءة كافة المصادر ويستحيل العجز عن فهم بعض قوانين الفيزياء إلا بشرط أن نكون علماء في الفيزياء.

ومع ذلك يمكن كسر هذه المغالطة، فقد يكون الإلمام بالنظرية النسبية في الفيزياء وهي إحدى أكثر النظريات تعقيدا، مرتبطا بأعلى درجات العلم في الفيزياء. وبالتالي لا نصبح أمام مغالطة، بل شرط علمي.

مغالطة التخصيص

وضـع اسـتثناء لإحـدى المعطيـات، فمـثلا وضـع الـرئيس الجمهوري نظاما للرقابة على المال العام ويطبق على الجميع باستثناء الرئيس، فعلل أحدهم بأن (النظام ناجح ولكن الرئيس هو حامي الجمهوريـة ولـذلك فهـو يسـتثنى مـن هـذا النظـام). مـع أن الحكـم الجمهوري في جوهره، يضع الجميع تحت مظلة القضاء ولذلك فمن الأولى على الرئيس أن يكون قدوة لتطبيق هذا النظام.

أو مثلا، (المجازر التي كانت عند تأسيس الدولة لا إنسـانية، ولكنها كانت بهدف حماية السلطة الجديدة مـن السـقوط قبـل أن تنشر العدل، لذلك فهي حالة خاصة أو استثناء). ولكن بالتأكيد فهناك خيارات بديلة وهناك دول تأسست دون دماء.

وقد يكون المـبرر القائم على التخصيص مقبولا ولكنـه غـير مقنع، فمثلا قد يكون الرئيس هو الرجل القوي في الدولة، والذي يستطيع مـن خلال الأمـوال المنهوبة أن يحمي الدولة. وقد تكـون السلطة الجديدة، كانت بحاجة لارتكاب بعض المجازر بسبب بث الذعر ثم الاستسلام، ، ولا يعني ذلك أن السلطة الجديدة عادلة.

الاحتكام إلى الجهل

وتسمى حجة من الجهل Argument from ignorance وهي إثبات الحجة بناء على الجهل بالدليل أو القول بأن عدم وجود ما يثبت ذلك فهو دليل على الادعاء. وهذه المغالطة إطار عام لعدة مغالطات كحجة السذاجة أو الصمت أو إثبات السالب. وتقوم هذه المغالطة على استحسان الدليل تحت أي مبرر غير منطقي أو مرتبط بالحجة بالاعتماد على الجهل. فإذا كان لا أحد يعلم طريقة بناء الأهرامات، فمن المؤكد أن الجن هم من بناها. ولذلك فهي مغالطة تساعد على الاستثارة الفكرية.

وفي مغالطة إثبات السالب تقوم مغالطة الاحتكام إلى الجهل على إثبات الحجة لعدم وجود إثبات خطأها، وتسمى أيضا بحجة الجهل، وهي من أشهر وأهم المغالطات، كالقول بما أنك لا تملك دليل فكلامي صحيح. أو كقول أحدهم: لا أعلم سبب سقوط النيازك، ولكن من المؤكد أنها مرسولة من الكائنات الفضائية.

أو قوله بأن غياب الدليل على عدم وجود الكائنات الفضائية فهو دليل على أنها موجودة. وهذه المغالطة تقوم على استحسان الدليل رغم الجهل. كقول أحدهم بأن هذا صحيح لأنني أراه صحيحا، ولا يهمني معرفة ما هو صحيح. وتختلف عن حجة

السذاجة لاعتمادها على الاستحسان حتى مع احتمال القدرة على

الفهم.

إثبات السالب

وهي انتقاد الحجة بواقع عدم وجود حجة تبطلها، وتسمى بالدليل السلبي Negative proof كالقول بأن ما أقوله صحيح لعدم وجود دليل يبطله. فمثلا قال الأول بعدم وجود أدلة علمية تثبت وجود الأشباح، فرد الآخر، بأن العلم لم يتقدم لكي يصل إلى مرحلة إثبات عدم وجود الأشباح. رغم أن الحجة المنطقية للأول، هي عدم وجود إثبات، ولكن الثاني قال بأن عدم وجود الإثبات لا يعني أن الحجة الباطلة، بينما كان يفترض أن يأتي بدليل قطعي يثبت وجود الأشباح.

وكما نرى دائما، فقد يقوم الثاني بهنا بالانتقال إلى مغالطات أخرى كمغالطة الاحتكام إلى السلطة، ليقول، أن أحد العلماء قال بأنه شاهد الأشباح، إذا فالأشباح موجودة.

أما مغالطة الاحتكام إلى الجهل، فهي لا تعني في مثالنا السابق، بقطعية عدم وجود الأشباح، بل إنها تشير بعدم إمكانية قبول حقيقة حتى يأتي الدليل القطعي على وجودها. ولذلك فقد يكون هناك إثبات في المستقبل لوجود الأشباح، ولكنه غير مقبول في الوقت الحالي.

تتداخل حجة إثبات السالب مع تسميتها بمغالطة استبعاد الحل الوسط Excluded middle fallacy أي إما هذه أو تلك، أو كالقول إذا لم تصدقني فأنت مخدوع.

حجة الشك

تسمى بالحجة من التشكك Argument from incredulity وتسمى أيضا بحجة السذاجة، وذلك رفض الحجة بناء على عدم الفهم، وهي من حجج الاحتكام إلى الجهل، كالقول بأن هذا لا يصدق! أو هذا غير معقول! لذلك فهو غير صحيح! وهو ما حدث كردة فعل لدى الكثير عند اكتشاف الفيزياء الكمية Quantum Physics حيث أن النتائج كانت صادمة في بدايتها حتى للعلماء أنفسهم، وكذلك ما حدث مع النظرية النسبية Theory of Relativity في الفيزياء، حيث أن تطبيقها على الصعيد الفكري كان غير ممكن لدى الكثير وخاصة لما يعتقد بأن الحقيقة هي ما يعرفه!

والشك في هذه المغالطة من جهل وليس من البحث عن العلم، فهو ليس كالمنهج الشكي في الفلسفة، أي ليس محاولة لإيجاد طرق للفهم، ولكن اعتماد النتائج بناء الشك.

حجة الصمت

اعتبار أن سكوت الخصم عن الإجابة هو دليل على بطلان رأيه. وهي من أشهر المغالطات السائدة، وعادة ما يفرح البعض لعدم إجابة الخصم بحجة النصر الزائف، كما أنها تتشابه مع حجة الاحتكام إلى الجهل، حيث أن من ينتصر وهميا عادة ما يقتنع بأنه يملك الإجابة. كقول أحدهم أنت لا تعرف سبب خسارتنا في الحرب، إذا فالسبب كان الخيانة. رغم أن السبب قد يكون صحيحا، ولكنه غير مقنع لارتباطه بسكوت الخصم. حيث أن الأسباب قد تكون قوة الخصم على كافة الصعد كنجاحه في التخطيط العسكري الاستراتيجي.

التنضيد

لإثبات نظرية التطور، قام أحدهم بالحديث عن وجود هيكل عظمي لكائن يشبه القرد الحالي أثبت العلم وجوده من 50 مليون سنة، دون ربط هذه النتيجة بالمنهج العلمي لدراسة السجل الأحفوري وغيرها من معطيات. وبالتالي يقوم المغالط هنا باستخدام حدث صحيح واحد أو عدة أحداث صحيحة، ثم يقوم بتعميمها على النتيجة النهائية. وقد تكون النظرية صحيحة أو غير صحيحة ولكن استخدام هذه الوسيلة غير مقنع. أما لفظ التنضيد فيشير إلى الترتيب في اتساق، أي محاولة ترتيب الفكرة ولكن دون تحقيق النتيجة.

التماس الأعذار

يقدم المغالط أعذارا في حال إثبات بطلان الحجة، دون أن يعترف بالخطأ. وهي المغالطة التي تنتشر بين دعاة نظرية المؤامرة. ولنضرب مثالا بادعاء أحدهم للقدرة على تحريك الأشياء. ولكنه سيفشل عند اختباره من خلال الضبط العلمي وبمراقبة كافة المعطيات، وبالتالي يبدأ في خلق أعذار كادعاء أن قدراته لا تحدث إلا في بيئة مختلفة عن المختبر العلمي.

و من الامثلة الأكثر انتشارا، هو اتهام الآخرين بالكذب والتضليل، ولكن عندما يثبت العكس، فإنه وبدلا من الاعتذار، يقدم تبريرات واهية كاتهام الآخرين بالمناورة والتضليل الذي تسبب في شكه بهم.

المرافعة الخاصة

وتُسمى بالمحاجة الخاصة Special pleading وتنشأ عند ادعاء الخصم بأن وجهة نظره تحتاج لمعايير خاصة، تختلف عن المعايير التي تقيم بها وجهات النظر المشابهة. ولذلك فهو يطالب هنا باستثناء دون مبرر منطقي. كالقول إن قضيتي تتجاوز حدود البشر لاختبارها، وبالتالي فعليكم بقبول القضية.

وكادعاء أحدهم بأن الكوكايين يجب أن يكون قانونيا كبقية الأدوية، والتي لها بعض الآثار السلبية على الصحة، ولكن الكوكايين يختلف عن الأدوية الأخرى، فقد استفاد الكثير من منافعه.

126

مغالطة الاتصال

تنشأ مغالطة الاتصال False continuum عند ادعاء أن غياب الخط الفاصل بين طرفين أو مجموعة أطراف متصلة، يشير إلى عدم إمكانية التفريق بينهما، فمثلا: الجو ممطر طوال العام، إذا لا توجد فصول للسنة. حيث أن فصول السنة تحدث، ولكن مثلا فالجو ممطر طوال العام في جزيرة جبل وياليل في هاواي. ولذلك فغياب الخط الفاصل هنا لم يكن دليلا على غياب فصول السنة.

توحيد الجواب

لديك سؤال يجمع بين نقيضين، فتجيب على أحدهما فقط. بمعنى سأل عمر أحمد هل يود شرب الشاي أم القهوة فأجاب بنعم. أو سأله ما الأفضل بين الشاي البارد أو الشاي الحار، فأجاب كلاهما جيدان. فالمغالطة هنا هي جمع المسائل في مسألة واحدة، بدلا من الإجابة مثلا بأن الشاي الحار يساعد على الشعور بالدفيء، أما الشاي البارد فهو مناسب عند الشعور بالحر.

الثنائية الزائفة

تنشأ عند وضع معضلة مزيفة كالتخيير بين خيارين لا ثالث لهما، رغم وجود الخيار الثالث، وتسمى بمغالطة الثنائية الزائفة False dichotomy وهي سائدة في الصراعات، كما تسمى بمغالطة إما أو، وتسمى بالإحراج الزائف أو التخيير الكاذب أو المعضلة الكاذبة False Dilemma.

كمبدأ إما أن تكون معي أو ضدي، دون الأخذ باحتمال الحياد، أو القول بأن الإنسان إما نبيل أو العكس، مع أن الإنسان قد يخطئ ويتوب عن الخطأ.

وهذه المغالطة عكس مغالطة الاتصال، وتؤكد ضرورة وجود احتمالين أو أكثر فقط، دون الأخذ بالاحتمالات المتبقية. وعادة ما تستخدم في الثنائيات.

ومن أهم الأمثلة هو ادعاء أسامة بن لادن بأن العالم ينقسم إلى فسطاطين، وهما فسطاط الإيمان وفسطاط الكفر، وكذلك ردة فعل جورج بوش بعد أحداث الإرهاب في سبتمبر، بقوله لشعوب العالم، إما أن تكونوا معنا أو ضدنا في مكافحة الإرهاب.

129

الأسلوب قبل المعنى

وتسمى بالأسلوب قبل المضمون أو المظهر قبل الجوهر Style over substance كاستخدام المحسنات اللغوية الجمالية على حساب المعنى، وعادة ما يتبرز هذه المغالطات لدى الشعراء، وخاصة عند المدح والفخر، مما قد يشعر المتلقي بأن هذه الدولة هي سيدة العالم، وذلك بخلاف الواقع.

وكقول أحدهم: ألا ترى كيف أقبل به في العمل وهو سيء الخلق، فالمغالطة هنا أن سوء الخلق لا يرتبط بالمهارة في العمل. أو القول ألا تراه يتحدث وهو يتصبب عرقا، فكيف تتوقع أن يقول شيئا مقبولا. أو حتى الحكم على جودة المنتجات من خلال مظهرها الأنيق.

وكما نرى فهي مغالطة سائدة، يتعامل معها البعض كمبدأ في الحكم، ومع ذلك فهذا لا يعني أن المظهر ليس مدخلا لفهم الأشياء، ولكنه قد يكون أحد المعطيات لا المعطى الرئيسي. فالحكم مثلا على إصابة أحد الناس بالتأتة، قد يعني انه غير صالح للتأثير الخطابي، ولكن لا يعني هذا أنه غير صالح للإدارة أو حتى اعتبار ما يقوله غير صالح للتطبيق.

القناص

يقوم القناص بالتركيز على الأدلة التي تؤيد رأيه ويتجاهل الأدلة التي تفندها. وسميت هذه المغالطة بقناص تكساس Texas Sharpshooter وهو الذي يرمي الجدار بالبندقية، ثم يقوم برسم نقطة في مكان الرصاصة، لا دعاءه بإصابة الهدف. ويبرز المثال في التنجيم، كقراءة الفنجان أو الأبراج وادعاء أحداث يمكن أن تتكرر مع معظم الناس. أو في مثال ادعاء شركة تدخين بأن الدول الخمسة الأولى في المبيعات هي من ضمن الدول الأولى في مستوى الصحة. وبالتالي قام الادعاء هنا على اختيار رأي يؤيد رأي مع تجاهل وجود أدلة أخرى تثبت ضرر التدخين أو احتمال عدم وجود إحصائية في تلك الدولة لضرر التدخين، أو حتى احتمال عدم صحة الإحصائية، مما قد يؤدي لمغالطة الاحتكام إلى السلطة، فالتدخين مثبت في الكثير من الجهات العلمية بأنه سبب رئيسي لسرطان الرئة.

تحريك الهدف

مغالطة تحريك الهدف Moving the goalposts
تنشأ عند تغيير إثباتات الحجة، كقول أحدهم بعد إثبات العكس،
بأنه لم يكن يعني ذلك.. وتسمى بتحريك الهدف بسبب تغيير
مكـان الهـدف بعـد الفشل في التصـويب. كمـا أنهـا مـن أشـهر
المغالطات المستخدمة، وتسمى أيضا بمغالطة تحرك المرمى، وذلك
بالتنقل من حجة لأخرى بعد تفنيدها، وتشبه مغالطة رجل القش
ولكن من خلال التعويل على تحريك المرمى.

فمثلا: أنت أثبت أن س عدد صحيح، حسنا أثبت لي أن
ص عدد صحيح.. حسنا لقد أثبت لي أن صح عدد صحيح، إذا
أثبت لي أن أ عدد صحيح.

فمثلا لقد أثبت العلم أن سبب مرض الصرع عصبي وليس
تلبس الجن كما كان سائدا، حسنا لقد أثبت لي ذلك، إذا أثبت لي
سبب المرض العصبي، حسنا لقد أثبت لي سبب المرض العصبي، إذا
أثبت لي سبب عدم وجود مرضى بالصرع. وهكذا، ينتقل الخصم
مـن حجـة لأخـرى. وقـد تكـون هـذه المغالطـة مقبولـة في بعـض
الأحيان، بهدف الإثارة الفكرية، ولكنها غير منطقية.

المنطق الدائري

تسمى بالحجة الدائرية Circular Reasoning وهي
من أهم المغالطات المنطقية لكونها إطار عام للعديد من المغالطات،
وتنشأ عند استخدام الاستنتاج قبل الحجة، والاعتماد على حجة
غير مرتبطة بالاستنتاج، فمثلا، خالد لا يمكن أن يكذب، لأنه
إنسان معروف بالصدق، ونادر هو أفضل رئيس تنفيذي للشركة،
لأن نادر دائما ما يحقق النجاح. وبذلك يحاول المغالط هنا إثبات
أن نادر ناجح لأنه في الاساس دائما ناجح.

التماس الدافع

وتسمى بمغالطة مناشدة الدافع Appeal Motivation
وذلك بمحاولة إبطال حجة الخصم بادعاء معرفة الدافع، فمثلا يتم
اتهام شخص بإفساد المجتمع، لأنه دعا إلى الحرية والديمقراطية والتي
ستؤديان إلى التفسخ الأخلاقي، وبالتالي هنا قد مورست مغالطتين،
الأولى هي التماس الدافع، والثانية بادعاء فساد الداعي إلى الحرية،
أما الثانية فهي مغالطة سد الذرائع. لأن الحرية والديمقراطية يمكن أن
تفشل في بعض المجتمعات، وتنجح في مجتمعات أخرى في استقرار
المجتمع وانضباطه الأخلاقي والنفسي، كما أن هذه الحجج تتداخل
مع عدة تعقيدات، فمثلا لا بد من تعريف معنى الأخلاق، والذي
يختلف نسبيا بين مجتمع وآخر.

وهناك مغالطة تسمى بتسميم البئر Poisoning the
well وهي تأتي في نفس السياق، عبر دحض الحجة بالتشكيك
في نوايا الخصم.

الاحتكام إلى الخوف

وذلك بالاحتكام إلى الخوف Appeal Fear وتنشأ من خلال تغليط المحاور بادعاء حدوث أمر مخيف لإبطاله حجته عبر تشتيت الانتباه إلى دافع الخوف، وهي إحدى مغالطات الاحتكام إلى المصادر المشوهة، فمثلا يقول أحدهم لموظف احتج على الخصم من راتبه، ألا تخاف من فصلك أو حرمانك من الترقية. مع تجاهل إمكانية صحة ادعاء الموظف، بل واحتمال حصوله على الترقية. ومثال آخر بشكل أوضح، هو التماس تخويف الفرد عبر التهديد، فمثلا أنت ستندم إذا قلت هذا الكلام. أو سيتم فصلك إذا اعترضت على قرارات الإدارة.

حجة هتلر

تسمى هذه المغالطة بالذنب بالتداعي Guilty by association وتنشا عند الادعاء بأن فعل شرير لجهة معينة يعني أن هذه الجهة لا تؤدي إلا لكل شر. كربط خطأ معين عند فرد أو مذهب ثم تعميمه على كل ما يفعل أو ما ينتجه هذا المذهب.

غير أنها اشتهرت أيضا بحجة هتلر Argumentum ad Hitlerum لتشير إلى أن الأمر سيء لأن هتلر قام به كالقول بأن هتلر نباتي إذا فالنباتية شر. وقد تبلورت هذه الحجة بعد أن تحول كل ما فعله الزعيم النازي في الثقافة الغربية رمزا للشر المطلق، وبالتالي تحدث مغالطات قد ترتبط أيضا بمغالطة الخوف من تكرار حدوث هذا الأمر لأن هتلر قام به.

وهي مغالطة غير رسمية، لأنها قد تكون مقبولة المحتوى في بعض الظروف، فمثلا يمكن اعتبار الديمقراطية التي أوصلت هتلر سببا في وصوله للحكم، وبالتالي التعويل على احتمال أن تكون الديمقراطية سببا في وصول الأشرار للحكم. ولذلك نقول بأن الديمقراطية هي أفضل نظام حكم توصلنا إليه، وليس النظام الكامل للحكم.

وهي مغالطة شهيرة وتمارس على نطاق واسع، كالقول بأن العلمانيين تسببوا في نشر الإباحية، لذلك فكل ما يبدر من العلمانيين هو شر مطلق وينادي بهدم الأخلاق والعقيدة. وكما نرى فقد تداخلت الذنب بالتداعي مع التعميم الزائد. فبعض العلمانيين قد يساهم في فض الاشتباك بين الدين والدولة، غير أن الإباحية الجنسية مرتبطة أيضا بقرارات المجتمع وإرادته.

عدو الشعب

ننشأ عنـد اتهـام الآخـرين بأدلـة ملفقـة، بحجـة أنهم أعـداء الجماعة، وعـادة مـا يتحول هـذا العداء وسيلة إرهاب للسياسيين والمعارضين والمثقفين. لقد بدأ مصطلح عدو الشعب Enemy of the people من العصور القديمة، وخاصة في اليونان، ووصـــل إلى ذروتـــه بمـــا عـــرف في أمريكــا بالمكارثيـــة McCarthyism وهـو اتجـاه رجعـي تسـبب فيـه السياسـي جوزيـف مكارثي ومعه حشـد مـن الجمهور الـذي الـداعم لآرائـه. وذلك بالحبس والسجن والتنكيل بعشرات رجال السياسة والموظفين في الدولة بتهمـة الشيوعية، والـتي تم تصورها كدين إلحادي جديد يهدف إلى القضـاء على المسيحية في أمريكـا، قبل أن تثبت بـراءة الكثير منهم، وقبل أن يتبين بأن معظم اتهامات مكارثي كانت بأدلة وهمية ولذلك فقد كان أقوى الأمثلة لمغالطة الاحتكام إلى الجهل، ولـذلك فمغالطـة عـدو الشـعب تنـدرج تحت إطار الاحتكـام إلى الجهل وكذلك مغالطة الكذب ولكن من خلال الاحتكام إلى خطر وهمي.

ولازالت مغالطة عدو الشعب لتصفية الخصوم السياسيين أمام الرأي العام بحجة أنهم أعداء الشعب، أو أعداء النظام الجمهوري.

لتمثل اتجاها رجعيا في التفكير، استمر لمراحل طويلة في التاريخ الإنساني.

مغالطة نيرفانا

وتسمى بالسكينة الكاذبة Nirvana False وهي تنشأ عند الادعاء بأن غياب الكمال دليل على القصور. أما النرفانا فهي النفس الكلية أو حالة السكينة الكاملة عند المتصوفة. ولنضرب مثال على هذه المغالطة، بالقول أن العلمانية في الغرب قد أثبتت فشلها لأن الظلم لازال مستمرا، رغم أن العلمانية قد أثبتت نجاحها على الكثير من الصعد منها التوفيق بين الأديان والمذاهب والمعتقدات في المجتمع الغربي تحديدا كحماية الدين في أمريكا من تدخل الحكومة. أو القول بأن النظرية الكمية قد أثبتت وجود نقص في إدراكنا للكون، وبالتالي فالعلم فشل في تفسير الكون، مع أن النظرية الكاملة قدمت بدورها تفسيرا للكون.

نقاش حتى الغثيان

تسمى بحجة الغثيان Argumentum ad nauseam وذلك بمحاولة الانتصار على الخصم من خلال إطالة أمد الحوار حتى الوصول إلى المرحلة التي يشعر فيها الخصم بالغثيان أو الانسحاب. والمثير أن هذه المغالطة قد تنجح في بعض الظروف لتحقيق المصالح. فقد يجري حوار بين الوالد ولده حول شراء الوالد سيارة كي يهديها لابنه، ثم يدور الحوار حول ما إذا كان الابن بحاجة للسيارة أم لا، وإذا ما كان قادرا على القيادة، فيطيل الابن الحوار مع أبيه ويستخدم العديد من المغالطات دون أي اهتمام بالمبررات المنطقية التي يناقش الأب من أجلها، فيصل الأب إلى مرحلة الشعور بالغثيان وبالتالي يصبح الابن في حالة انتصار وهمي على حاجته للسيارة.

وعادة ما تستخدم هذه المغالطة في المناظرات والخطابات السياسية، فإطالة أمد الحوار مثلا يقلل من نشاط الإعلاميين ويضعف حماسهم ويشتت تركيزهم. وتسمى أيضا بمغالطة الإثبات بالإسهاب Proof by verbosity.

مغالطة التوازن

تنشأ مغالطة التوازن Balance fallacy عند إعطاء جميع الأطراف نفس مهلة الإثبات، حتى بعد إثبات النتائج، بحجة احتمال وجود إثبات آخر رغم عدم الحاجة. ويحدث ذلك في المناظرات، عند هزيمة أحد الأطراف، فيحاول مدير المناظرة تقديم وقت إضافي لمحاولة ظهور احتمال آخر.

رفض الشك

الاعتقاد بعدم وجود الشك، ويشتهر الفيلسوف ديكارت بدعوته إلى البدء في التفكير من الشك في كل شيء، حتى في التفكير نفسه. وبالتالي فقد يشكك الفرد في حجة المحاور دون أن ينتبه للشك بتفكيره او بقدرته على التفكير.

وهي حجة معقدة، ويمارسها الكثير، ممن يعتقد بأن كل ما يملكه من معرفة لا يقبل الشك، وعادة ما يؤدي ذلك إلى عدة مغالطات وعلى رأسها الاحتكام إلى الشعبية أو الموروث.

بل إن بعض العلماء الكبار قد تصيبهم هذه المغالطة برفضهم الشك في النتائج المعروفة سلفا، وبالتالي نجد بأن هذا العالم قد تعمد في غلق نهاية الطريق.

مشبهات لفظية

هنـاك مصـطلحات تتشـابه لفظيـا ولكنهـا تختلـف في المعنـى المقصود، فمثلا: (القول عن تمثال إنسان بهذا إنسان. وبما أن كل إنسـان ناطق فهذا ناطق) فالمغالطة بدأت من وضع فرضية خاطئة وهي أن التمثال إنسان، وبالتالي نتج عن ذلك نتائج خاطئة.

وتـترادف هـذه المغالطـة مـا يسـمى بمغالطـة التعابير المبهمـة Weasel word والتي تترجم حرفا بكلمات ابن عرس، وهي تشير إلى استخدام كلمات مبهمة، لا تؤدي إلى معنى مباشر، قائمة على الاختيار الذكي للكلمات. وعادة ما تستخدم في الإعلانات، للإيهام بقيمة أكبر للمنتج، وخاصة مع إعلانات من نوع خصم حتى 90% ولكن عند الدخول للمتجر، لن تجد التخفيض إلا مع البضـائع الرديئـة القليلـة. أو حـتى بالقـول منتجاتنـا تجعـل حياتـك أجمل، وقد تنجح المغالطة في إيهام العميل بذلك باستغلال حاجته لهذا الانحياز.

كمـا تـبرز مغالطـة المشـبهات اللفظيـة في التوريـة المعروفـة في البلاغـة العربيـة بحمـل الكلمـة أو الجملـة لمعنيين مختلفـان، أحدهما أقرب للـذهن لكنـه غير المقصـود، والثاني أبعـد عـن الـذهن ولكنـه المقصود، وكلما نجح الأديب في زيادة إبعاد المقصود عـن الذهن، كلما كان أبرع في البلاغة.

وبالتالي نرى من خلال البلاغة، بأن التفكير الغير منطقي يعتمد إلى حد كبير على فنون من الأدب، ولذلك تستخدم البلاغة للهروب من المسائل ولكنها أيضا قد تستخدم لإثارة الذهن وحثه على التفكير من خلال تعمد المغالطة. ومن أمثلة المشبهات اللفظية في التورية، هو قول الشاعر: (طرقت الباب حتى كلمتني** فلما كلمتني كلمتني)، والمقصود بكلمتني الأولى والثانية هي كلّ متني أي تعب ظهري.

الثبات المطلق

مغالطة سائدة بين الناس، وهي الحكم على المتغيرات بالمعايير القديمة، كإطلاق حكم على قلة ذكاء ومعرفة أحدهم، بحجة أنه كان في الماضي لا يملك إلا القليل من الذكاء والمعرفة. رغم وجود احتمال تقدمه وزيارة خبراته.

هذه المغالطة قد تستخدم في حالات صحيحة عند النظر إلى الجذور التاريخية للمسألة، ثم مقارنتها مع الحاضر الحالي، كربط احتمال اتصاف أحدهم بالأخلاق الكريمة وذلك لأنه نشأ في عائلة تتميز بتلك الأخلاق. ولكن يجب أن لا يكون هذا الربط تحت مغالطة أخرى، فهناك أفراد اتصفوا بأخلاق كريمة رغم نشأتهم في عوائل عكس ذلك، إنما يظل الربط في هذه الحالة كاحتمال وارد.

145

الإسقاط العقلي

محاولة إسقاط فكرة الشخص في ذهن الخصم أو الآخرين، كالقول أنا أدرك أنك تحبني، أو أنا أعرف أن أصدقائي معجبين بي، أو كما يقول خالد إن عمار يربأ بنفسه عن الانجراف لهذا المستوى، رغم أن عمار فعل عكس ما الفكرة التي أسقطها خالد.

وهناك تطبيق آخر للإسقاط العقلي، كالتفسير التآمري، وذلك بإسقاط أسباب ليس لها علاقة بالموقف. فمثلا نسيت أمل مفتاح السيارة، فعادت إلى المنزل لأخذ المفتاح، ثم ذهبت لتشغيل السيارة لتجدها معطلة، فاستعانت بشركة صيانة، وبعد إصلاح السيارة ذهبت مسرعة إلى العمل فتعرضت لحادث تصادم مع سيارة أخرى. فقامت أمل بتفسير الأحداث بأن حقد الناس وحسدهم لها كان السبب في ما حدث لها من مشاكل، دون أن تقدم تفسير سببي منطقي يشير إلى أن سبب نسيانها للمفتاح قد يعود للعجلة مع مشكلة واجهتها في التذكر، وبأن سبب تعطل السيارة كان لسبب يتعلق بحالة السيارة أو ربما تجاهلها للصيانة الوقائية، وبأن سبب الحادث هو محاولة الوصول بسرعة ودون تركيز لمقر عملها.

أفضل أمثلة الإسقاط العقلي، هو تفسيرات البعض لما يسمى بالتآمر الصليبي لإفساد المسلمين، كتخيل وجود مؤامرة لتركيب

الصـليب والفـرج والطقـوس الدينيـة في أمـاكن خفيـة مـن المبـاني والاختراعات.

ماجد الحمدان

المراجع

- ابن رشد، **تلخيص السفسطة**، ويكي مصدر
  www.ar.wikisource.org

- مصطفى، عادل، **المغالطات المنطقية**، المجلس الأعلى
  للثقافة، مصر، 2007م.

- النمر، صادق، **كتاب مصور عن المحاورة بالحيلة،**
  المغالطات المنطقية، إعداد علي الموسوي، 2014م.

- مدونة المنطق، عمار العمار www.mnteq.com

- ويكبيديا العربية www.ar.wikipedia.org

- المغالطات المنطقية، راتشونال ويكي
  www.rationalwiki.org

- inFact, With Brian Dunning, Logical
  Fallacies, YouTube.com
- List of fallacies, Wikipedia,
  www.en.wikipedia.org

- Logical fallacy, Rationalwiki,
  www.rationalwiki.org
- Fallacies, The Nizkor Project,
  www.nizkor.org
- Logical Fallacies,
  www.logicalfallacies.info
- Logical Fallacies,
  www.yourlogicalfallacyis.com

www.ingramcontent.com/pod-product-compliance
Lightning Source LLC
Chambersburg PA
CBHW021154020426
42331CB00003B/59
* 9 7 8 6 0 3 9 0 6 4 5 5 8 *